# 职业资格制度
# 助力加快建设交通强国

## 交通运输职业资格工作20周年文集

### （实践篇）

交通运输部职业资格中心　主编

人民交通出版社股份有限公司

北　京

图书在版编目（CIP）数据

职业资格制度助力加快建设交通强国：交通运输职业资格工作20周年文集．实践篇／交通运输部职业资格中心主编．— 北京：人民交通出版社股份有限公司，2023.12
 ISBN 978-7-114-19162-6

Ⅰ.①职⋯ Ⅱ.①交⋯ Ⅲ.①交通运输业—从业人员—资格认证—中国—文集 Ⅳ.①F512-53
 中国国家版本馆CIP数据核字（2023）第240578号

Zhiye Zige Zhidu Zhuli Jiakuai Jianshe Jiaotong Qiangguo
——Jiaotong Yunshu Zhiye Zige Gongzuo 20 Zhounian Wenji（Shijian Pian）

| | |
|---|---|
| 书　名： | 职业资格制度助力加快建设交通强国 |
| | ——交通运输职业资格工作20周年文集（实践篇） |
| 著 作 者： | 交通运输部职业资格中心 |
| 责任编辑： | 刘永超 |
| 责任校对： | 孙国靖　宋佳时 |
| 责任印制： | 张　凯 |
| 出版发行： | 人民交通出版社股份有限公司 |
| 地　　址： | （100011）北京市朝阳区安定门外外馆斜街3号 |
| 网　　址： | http：//www.ccpcl.com.cn |
| 销售电话： | （010）59757973 |
| 总 经 销： | 人民交通出版社股份有限公司发行部 |
| 经　　销： | 各地新华书店 |
| 印　　刷： | 北京交通印务有限公司 |
| 开　　本： | 710×1000　1/16 |
| 印　　张： | 12 |
| 字　　数： | 136千 |
| 版　　次： | 2023年12月　第1版 |
| 印　　次： | 2023年12月　第1次印刷 |
| 书　　号： | ISBN 978-7-114-19162-6 |
| 定　　价： | 60.00元 |

（有印刷、装订质量问题的图书，由本公司负责调换）

# 交通运输职业资格工作 20 周年文集
# 编审委员会

## 主　任

申少君

## 副主任

张　杰　孙　海　陈孝平

## 委　员

何朝平　王福恒　张　萍　郝鹏玮　张　巍
刘　欣　雷小芳　沈冬柏　周叶飞　张　曦
陈班雄　赵千昆　丛英莉　景利波　卢翙勋

# 前言

2003年9月，部成立职业资格制度领导小组，正式启动交通运输职业资格工作。20年开拓进取，20年逆水行舟，交通运输职业资格事业从无到有，走过了极不平凡的历程。张春贤、杨传堂、黄镇东、李盛霖、李小鹏、刘小明、冯正霖、胡希捷、戴东昌、王刚等部领导都亲自谋划推动职业资格工作，出席职业资格工作有关活动，就职业资格工作发表重要讲话或作出指示批示，为交通运输职业资格工作提供了顶层设计和科学指引。在部党组的正确领导下，兄弟部委大力支持，部内司局精心指导，行业上下密切配合，逐步建立起覆盖交通运输主要职业工种，贯通基础设施建设运营、运输服务和安全质量领域，涵盖行业职业研究、标准制定、考试鉴定、注册登记、继续教育、技能竞赛、国际互认等方面的职业资格制度体系，较好地发挥了对人才选拔、评价、配置、激励的作用，大批技术技能人才脱颖而出。20年来，累计2995万余人次参加考试（鉴定、评价），2210万余人次取得职业资格证书或职业技能等级证书。交通运输职业资格制度的建立和实施，对提高从业人员整体素质、规范从业行为、促进行业自律、保障交通建设和运输服务质量安全作出了重要贡献，为加快建设交通强国提供了强有力的人才支撑。

在交通运输职业资格工作20周年之际，将各位部领导关于交通运输职业资格工作的系列讲话、交通运输部职业资格中心部分同志的研究论文和工作体会以及经济发达国家交通运输职业资格制度结集出版，是交通运输职业资格事业艰苦创业、开拓进取不平凡历程的集中反映，是交通运输职业资格人20年来实践探索的智慧结晶，也是向长期以来关心支持交通运输职业资格工作的各家单位、各位领导的深情回馈。我们倍加珍视二十年来各级领导给予我们的关怀指导、各个方面给予我们的意见建议，努力在文集中充分展现大家的心血和智慧。但因编者能力有限，难免会有疏漏、有瑕疵，欢迎批评指正。

交通运输部职业资格中心党委书记、主任

2023 年 12 月

# 目录

加强职业资格工作　提高从业人员素质 ·········· 1

发挥职业资格制度作用提高交通运输行业安全监管水平 ·········· 4

开创职业资格工作新局面 ·········· 8

转变，从人开始 ·········· 10

借鉴国际经验做好职业资格制度顶层设计 ·········· 19

依法履职依规办事建设学习型服务型职业资格专门机构 ·········· 21

发挥职业资格制度作用促进交通运输治理体系
　　和治理能力现代化 ·········· 25

让交通运输职业更有吸引力 ·········· 30

发挥职业资格制度作用为高质量发展提供人才支撑 ·········· 36

打造适应交通强国需要的职业技能人才大军 ·········· 39

始终坚持人民至上　全心服务从业人员 …………………………… 44

充分发挥人才对加快建设交通强国的引领和支撑作用 …………… 46

开启发展新十年　开拓发展新境界

　　——写在交通运输部职业资格中心成立十周年之际 ………… 53

交通强国关键在人　职业资格任重道远

　　——学习贯彻习近平总书记关于职业资格和人才工作的

　　　重要论述 ……………………………………………………… 61

近年我国考试泄密事件及启示 ……………………………………… 77

从考试立法看交通运输行业考试的规范化管理 …………………… 85

从国务院对职业资格工作的新要求看我国职业资格制度

　　发展趋势 ……………………………………………………… 89

我国物流职业能力评价市场现状分析 ……………………………… 94

会计从业人员资格制度概况及其启示 ……………………………… 102

香港出租汽车驾驶员资格管理与服务规范 ………………………… 108

国内职业经理人资格制度简介 ……………………………………… 113

机动车驾驶教练员职业素质及其评价研究 ………………………… 118

基于成人特点的职业资格考试和继续教育管理与技术研究概述 … 124

行政许可类职业资格制度初探 ……………………………………… 128

市场准入与从业人员职业资格制度 ………………………………… 131

机动车驾驶教练员职业分析

　　——以北京东方时尚驾校教练员为例 ………………………… 137

从业人员安全素质评价指标体系概述 …………………………… 143

标准参照测验划界分数设置方法简述 …………………………… 149

人工智能对交通运输职业的影响初探 …………………………… 155

《国务院办公厅关于促进建筑业持续健康发展的意见》
　对交通运输职业资格工作影响的思考 ………………………… 160

对标国际　挖掘价值　彰显形象
　——我国桥梁设计职业研究成果面面观 …………………… 166

起重装卸机械智能控制员新职业开发简介和有关启示 ………… 175

# 加强职业资格工作　提高从业人员素质

交通运输部人事劳动司司长兼交通专业人员资格评价中心主任　何捷

李盛霖部长、冯正霖副部长在两会期间，将评价中心作为虎年调研第一站，开展推进职业资格工作、加快交通运输发展方式转变专题调研，作了重要讲话，进一步明确了部职业资格工作方向、工作重点和工作分工，为加强职业资格工作明确了目标、创造了条件、注入了动力。我们将认真落实部领导重要讲话精神，围绕全国交通运输工作会议提出的"一条主线，五个努力"的总体思路，发挥好职业资格制度对从业人员素质的基本评价功能和对从业人员的市场监管功能，在加快转变发展方式、推进现代交通运输业发展中发挥更大作用。重点做好以下3项工作：

## 一、抓紧建立健全职业资格制度体系

交通运输行业从业人员种类多、规模大，关系公共安全、人身健康、人民生命财产安全的关键岗位多、责任大，迫切需要在关系公共利益、公共安全和公共服务的岗位尽快建立和实施职业资格制度。交通运输职业资格工作起步较晚，目前仍处于制度建设阶段。要认真落实《交通行业职业资格工作中长期规划纲要》和《关于加强交通运输职业资格工作的指导意见》，对交通运输行业关系公共安全、人身健康、人民生命财产安全的关键职业，建立行政许可类职业资格制度体系，并依法实行从业准入管理，有效发挥其对从业人员管理的主体作用；对交通运输行业关系公众利益的重要职业，建立能力水平评价制度体系，充分发挥其对从业人员的自律作用；对交通运输行业主要职业，建立科学的职业标准体系和评价体系，充分发挥其对提高从业人员素质、规范从业行为的导向作用。当前要努力实现"两个率先"，即在道路运输行业率先创立交通运输行业的职业资格制度品牌，率先建立并实施道路危险货物运输从业人员、长途汽车客运驾驶员、出租汽车驾驶员和机动车检测维修从业人员等4项职业资格制度。前一个"率先"要求我们树立一个"标杆"，让行业上下切实感受到职业资格工作在转变发展方式中的促进作用。后一个"率先"要求我们不仅要建立健全职业资格考试制度，还要建立健全与之相配套的培训制度、注册（登记）管理制度、继续教育制度和从业管理制度，将从业人员资格一次考试取得终身有效，调整为职业资格定期注册、接受继续教育和职业道德检查。

## 二、积极推进职业资格制度与相关制度的衔接

职业资格制度的核心，是通过对从业人员职业资格的管理来强化对人的管理，通过对人的管理来强化对事的管理，通过人的素质提高实现事的品质提升。要发挥好职业资格制度的功能，提高从业人员的安全意识、技能操作和职业道德水平，更好地促进行业发展和行业管理，关键在推进职业资格制度与业务管理等制度相衔接，推进从业人员资格管理与交通运输行业管理相挂钩，把好从业人员市场准入、动态监管、市场退出等关口。一要推进单位资质管理与从业人员资格管理有机结合，使从业人员的职业资格要求成为企业开业、资质评定、质量信誉等级评价和诚信考核的重要指标。二要认真落实温家宝总理提出的"要注意把职业教育、职业培训与就业准入以及解决就业问题紧密结合起来，把职业资格认定、职业等级评定和技能型人才的选拔结合起来"的要求，开展好交通行业"双

证"互换的职业资格证书体系与职业教育课程体系研究,发挥职业资格制度在职业教育、培训工作中的引领作用,推进职业资格制度与职业教育、培训制度相衔接,缓解技能型、应用型人才紧缺的状况。三要充分发挥职业资格在职工考核、薪酬确定中的激励引导作用,推进职业资格制度与企事业单位人事管理制度相衔接。

### 三、扎实做好职业资格制度建设的基础工作

职业资格制度是社会主义市场经济条件下科学评价、选拔、配置人才的一项重要制度,是政府开发人力资源、规范市场主体行为、建立市场诚信体系的重要手段,对提高专业技术人员和技能人员素质、加强人才队伍建设发挥着重要作用。要把交通运输职业资格制度建设好、管理好、使用好,必须扎实做好各项基础工作。一要加强职业资格制度研究,深入研究职业资格的内涵与外延、发展规律与阶段特征、评价技术与测评方法。开展好交通运输行业职业资格评价模式研究工作。二要建立健全交通运输行业职业标准体系,开展交通运输行业职业分类调查研究,开发职业标准和职业资格继续教育标准,研究制定交通运输行业职业基地建设方案并开展试点工作。三要加强职业资格管理人员、考务人员、技术支持人员3支队伍建设,建立一支能力强、水平高、相对稳定的专家队伍,充分发挥专家作用,不断提高职业资格评价工作质量。

(本文发表于2010年5月18日《中国交通报》)

# 发挥职业资格制度作用提高
# 交通运输行业安全监管水平

交通运输部职业资格中心主任　申少君

安全发展是交通运输科学发展的前提和重要体现，以从业人员为本既是交通运输安全发展的需要，也是交通运输行业贯彻落实科学发展观、转变发展方式的必然要求。建立和实施职业资格制度，就是要在重视交通运输基础设施等硬件建设的同时，更加重视从业人员素质提高及其从业行为规范等软件建设。

## 一、从道路交通安全事故成因看从业人员对交通运输安全的影响

日本道路交通安全事故分析结果表明，人的因素占到54%。而在我国，人的因素占的比重更高，仅以我国2004年道路交通安全事故为例，因驾驶员的因素导致的交通事故占事故总数的89.8%，造成的死亡人数、受伤人数分别占到了总数的87.4%、90.6%。这些调查分析都表明，在与道路交通安全事故有关的"人、车、路、环境"诸因素中，人是最主要的因素。在人的因素中，相对于非机动车驾驶人、行人、乘车人，驾驶员处于强势，是主要因素。

如果对公路水路交通运输行业的其他领域的安全事故成因进行调查分析，得出的结论也是一致的，人是影响交通运输安全的关键因素，从业人员更是关键中的关键。在从业人员中，对交通运输安全产生影响的主要有三类：一是交通运输企业经营管理人员。如果

一名交通运输企业经营管理人员对该履行什么安全管理职责心中无数,对安全管理方面的方针政策、基本知识搞不清楚,不去管、不敢管、不会管安全工作,就会留下安全隐患。二是交通运输安全生产管理人员。他们肩负着直接抓安全生产、与安全监管相关部门协调沟通和对职工进行安全教育培训的重任,如果业务不熟悉或是把关不严格,都可能出现安全责任事故。三是具体在涉及公共安全、人身健康、人民生命财产安全的关键岗位从业的人员。他们工作在一线,直接从事道路桥梁勘察设计、车辆(船舶)驾驶、危险货物运输和押运等工作,近年来相当一部分重特大交通工程安全和运输安全事故的直接原因就是一些一线从业人员的安全操作水平低、安全知识匮乏、安全意识淡薄。

## 二、职业资格对加强交通运输安全监管的作用

职业资格制度是一个包含考试、注册管理、继续教育和从业管理等制度在内的制度体系,在交通运输安全监管方面有着重要作用。

(一)实施严格的职业资格考试制度可以确保进入市场的安全监管人员队伍素质合格,把好"准入关"。对涉及公共安全、人身健康、人民生命财产安全的关键岗位,实施通过考试取得职业资格证书,持证上岗的制度,将该岗位从业人员应知应会的安全知识作为职业资格考试大纲的重要内容,严格按考试大纲命题,严格考务组织,可以确保关键岗位从业人员具备包括掌握安全知识在内的基本素质,为加强交通运输安全监管把好从业人员准入关。

(二)实施继续教育制度可以确保从业人员及时更新和有效掌握安全监管知识,把好"教育关"。建立和实施继续教育制度,让在岗的从业人员定期接受继续教育,并将安全作为继续教育的重要内容,一方面重申安全基础知识,做到警钟长鸣,另一方面讲授安全

新知识，使他们不断掌握新设备新技术新工艺，不断适应新形势新任务新要求。这样可以确保从业人员素质不断提高，安全保障能力也能不断提高。

（三）实施注册管理和从业管理制度可以及时清理存在重大安全风险和安全管理不良记录的从业人员，把好"退出关"。实施职业资格证书须经注册并在注册周期内方为有效的制度，对从业人员在注册周期内的从业行为进行动态监管，对安全责任事故的责任人作出相应的处罚，对违规从业行为达到一定程度的从业人员，叫停其从业行为或不允许其通过延续注册。清理了这些存在重大安全风险的从业人员，一方面减少了一些事故源，另一方面对其他从业人员也起到了很好的警示作用，有利于形成重视安全、按安全操作规程办事的氛围。

### 三、以职业资格为抓手加强交通运输安全监管的措施

加大职业资格工作力度，一手抓职业资格制度建设，一手抓职业资格制度实施，使其对保障交通工程安全和运输安全的作用充分发挥。

（一）加快推进道路运输经理人制度的实施，提高道路运输企业经营管理人员和安全生产管理人员的安全意识和能力。把安全教育作为重点内容，切实加强对道路运输经理人的教育培训，帮助他们强化安全责任意识、掌握安全业务知识、履行安全管理职责，从源头上消除运输安全隐患，实现运输安全形势的根本好转。

（二）组织实施好从业人员资格考试制度和继续教育制度，不断提高经营性道路运输驾驶员和道路危险货物运输驾驶员的安全驾驶能力。建立从业资格考试配套制度，推进考务组织规范化、精细化。将安全作为道路运输从业人员资格考试大纲和培训大纲的重点内容，

通过对驾驶员的教育培训和严格考核,提高驾驶员的安全驾驶本领。

(三)加快建立水路危险货物运输人员从业资格制度,实施好验船师职业资格制度,提高水路危险货物运输和船舶检验从业人员素质,规范其从业行为,保障水路运输安全。

(四)加快出台注册结构工程师(桥梁工程)和桥梁养护工程师制度,建立一支安全意识强、业务水平高、职业素质好的桥梁勘察设计和桥梁养护专业人才队伍,保障桥梁安全。

(五)做好交通运输职业资格制度的立法和制度实施的执法工作。

对涉及公共安全、人身健康、人民生命财产安全的关键岗位,在制定或修订有关法律法规时明确设定职业资格要求。积极推进职业资格制度与交通运输业务管理制度相衔接,将从业人员的职业资格要求纳入企业开业条件、资质评定和诚信考核内容。加强对企业及从业人员执行交通运输职业资格有关规定的执法检查,把职业资格制度落到实处。

(本文发表于 2012 年 4 月 11 日《中国交通报》)

# 开创职业资格工作新局面

交通运输部职业资格中心主任　申少君

党的十八大站在新的历史起点对党和国家工作作出战略部署，提出了一系列新思路、新目标、新举措、新要求。我们要不断加强学习，紧密结合交通运输行业实际和职业资格工作实际深入思考，理清工作思路，创新工作举措，切实做到用党的十八大精神武装头脑、指导实践、推动工作，确保干对干好。特别是要坚持以科学发展观为指导，牢固树立和不断创新以人为本的行业发展理念，落实好杨传堂部长关于职业资格工作要做到"两个引领"的要求和冯正霖副部长在今年全国交通运输行业职业资格工作会议上的讲话精神，不断开创交通运输行业职业资格工作新局面。

一是不断提高交通运输行业从业人员的基本就业能力和职业发展能力。要按照党的十八大"更多依靠科技进步、劳动者素质提高、管理创新驱动"和"加强职业技能培训，提升劳动者就业创业能力"的要求，根据交通运输行业大建设大发展的实际需要，做好职业资格培训和考试工作，吸引更多的社会人才和劳动者到交通运输行业从业。对经营性道路客货运输驾驶员、公路水运工程试验检测工程师、公路水运工程监理工程师等已经实施考试的职业资格，积极学习借鉴国内外经验，抓紧研究制定符合从业人员实际的继续教育管理办法和继续教育标准，围绕方便从业人员和提高继续教育质量不断创新继续教育方式，保证继续教育制度落到实处，切实提高交通运输从业人员的职业素质，不断适应和促进交通运输事业科学发展。

二是不断提高交通运输行业从业人员安全生产意识、能力和水平。交通运输安全生产的每一项要求，都要靠从业人员去实践。把好安全关键岗位从业人员准入关，是夯实交通运输安全发展基础的重要内容。为此，要根据交通运输安全管理需要，科学设置满足交通运输安全要求的必要知识、基本技能门槛。

三是不断提高交通运输职业资格工作科学化、规范化、信息化水平。要按照"科学、安全、便民"的要求，组织好交通运输行业职业资格考试。一方面重点依托信息化技术。从加强硬件平台、系统、数据库等建设入手，做好交通运输职业资格管理信息系统二期工程建设，实现职业资格考试网上报名、网上缴费、网上打印准考证、网上编排考场、网上查询考试成绩和证书信息，有效提高考试组织的信息化水平以及工作效率和工作质量。另一方面重点依托人才测评技术。加强命题理论、技术、方法研究，提高命题工作科学化水平。开展试卷质量分析和考试后评价工作，不断提高施测水平。

（本文发表于2012年12月19日《中国水运报》）

职业资格制度助力加快建设交通强国
——交通运输职业资格工作20周年文集（实践篇）

# 转变，从人开始

——访交通运输部职业资格中心主任　申少君

□本报记者　韩　璐　熊水湖

**编者按**

杨传堂部长强调，转变发展方式要突出重点、实化抓手、取得实效。一是深化改革创新是转变交通运输发展方式的最大红利。二是推进结构调整是转变交通运输发展方式的主攻方向。三是依靠科技进步是转变交通运输发展方式的最大支撑。四是提高人员素质是转变交通运输发展方式的关键。

为帮助全行业更好地理解杨传堂部长提出的"最大红利"、"主攻方向"、"最大支撑"、"关键"，助力交通运输行业推进发展方式转变，本报组织四期系列报道，围绕"深化改革创新"、"推进结构调整"、"依靠科技进步"、"提高人员素质"等主题，邀请专家进行解读，并推介部分地区的实践经验和取得的成绩。本期推出"深化改革创新"主题报道。

"十年树木，百年树人"，提高人员素质是一项重要的基础性工作。交通运输部部长杨传堂强调，提高人员素质是转变交通运输发展方式的关键。要进一步转变发展理念和观念，加强正规化建设和素质教育，大力开展职业技能培训、岗位技能培训和管理技能培训，不断增强转变发展方式的本领，提高工作效率，努力打造学习型交通运输行业。

如何理解人是转变交通运输发展方式的主体？如何通过提高人

员素质实现交通运输发展方式转变？如何有效提高交通运输从业人员素质？本报记者就相关问题采访了交通运输部职业资格中心主任申少君。

● 在人、运输装备、交通基础设施和环境等交通运输要素中，交通运输从业人员是最活跃、最能动的关键要素，却也是当前的"短板"。

● 转变交通运输发展方式，必须解决思想上愿意转、作风上自觉转、知识上知道转、能力上能够转等问题。

**记者：**您如何理解"提高人员素质是转变交通运输发展方式的关键"？

**申少君：**我认为，学习理解杨部长这一重要论述的深刻内涵和重要意义，至少要从以下三个方面去提高认识：

一是马克思主义的生产力理论。这一理论认为，生产力是人类社会发展进步的最终决定力量。在生产力三要素——劳动者、劳动资料和劳动对象中，劳动者是首要的、能动的、最活跃的因素。具有一定知识、经验和技能的劳动者，通过掌握和运用一定的劳动资料（以生产工具为主），将各种劳动对象（自然物、原材料、初级产品等）改造成为能够满足人们各种需要的劳动产品，从而推动经济社会发展。由此可见，在人、运输装备、交通基础设施和环境等交通运输要素中，交通运输从业人员是最活跃、最能动的关键要素，提高交通运输从业人员素质，对于解放和发展交通运输生产力进而加快转变交通运输发展方式至关重要。

二是交通运输要素现状。近年来，交通运输基础设施建设大发展，现代装备水平大提高，交通运输从业人员素质这一要素相对而言却是"短板"，与转变发展方式的要求仍不适应。要转变交通运输发展方式，必须提高交通运输从业人员素质，解决交通运输从业人员思想上愿意转、作风上自觉转、知识上知道转、能力上能够转等问题。

三是科学发展观。科学发展观的核心是以人为本，以人为本不仅强调发展是为了人，而且强调发展要依靠人。交通运输的每一项工作，无论是建设还是运输，无论是服务还是管理，无论是安全还是质量，都要靠人去落实、去保障。要实现交通运输发展方式转变这一目标，必须紧紧依靠广大交通运输从业人员，大力实施人才强交战略，建设学习型创新型行业，不断提高从业人员素质，走内涵式发展道路。

● 提高交通运输从业人员节约资源的意识、专业知识水平和技能水平，可以大大提高物质资源使用效率。

● 提高从业人员的业务能力和职业道德水平，能够促进交通运输服务实现由"量的繁荣"走向"质的飞跃"。

● 要实现交通运输建设、养护、管理、运输以及各种运输方式协调发展，必须要有与之相适应的人力资源配置。

**记者：**提高人员素质能为交通运输行业带来怎样的效益？如何通过提高人员素质实现交通运输发展方式转变？

**申少君：**当今世界已经步入知识经济时代，现代人力资本理论认为，知识和技术是经济增长的内生变量，通过教育和培训获得特殊知识和专业化的人力资本是经济增长的主要因素，人的创造力是推动经济增长的主要动力。通过提高从业人员素质转变交通运输发展方式，主要表现为以下三种方式。

一是资源转化方式。近年来，交通运输生产要素价格持续上升，能源资源、土地和生态环境等刚性约束日趋强化，对转变交通运输发展方式形成了倒逼机制，迫切需要走出高投入、高消耗、高排放的粗放式发展困境，走低碳发展的新路子。提高交通运输从业人员节约资源的意识、专业知识水平和技能水平,可以大大提高物质资源使用效率。一方面,物质资源消耗严重依赖的状况可以得到缓解,相对少量的物质资源投入就能达到使用效率较低时的发展效果;另一方面,还可以通过提高从业人员的科技创新水平,进而提高交通运输物质资源的循环利用水平,最终实现资源节约型环境友好型的转变目标。

**提高节能驾驶技能每年可节省燃油1000多万吨**

2009年、2011年,交通运输部分别举办了第一届、第二届机动车驾驶员节能技能竞赛活动,参赛选手百公里油耗最低值14.04升,平均值19.02升,与普通12米大客车标准百公里油耗25升相比,最优节油率和平均节油率分别达到43.84%和23.92%。据测算,如果营运车辆单位能耗下降1%,全国1000万辆营运车辆每年可节油100万吨。若简单按照节油率20%、节能驾驶技能普及率50%估算,则仅通过提高驾驶员的节能驾驶技能,每年就可节省燃油1000多万吨,相当于我国年石油开采量的二十分之一。

二是价值提升方式。提高从业人员的业务能力和职业道德水平,不仅能够提高交通运输政策、规划、设计、建设和运输组织水平,实现集约化发展,而且能够提高交通运输装备和设施的使用效率,促进交通运输服务水平、安全保障能力和自主创新能力不断提高,促进交通运输服务实现由"量的繁荣"走向"质的飞跃"。

随着从业人员素质不断提高,完成相同工作任务所需的劳动时间大大减少,为从业人员提高受教育程度和综合素质创造了条件。

**普通劳动者到技能劳动者促进产业升级**

交通运输行业劳动力密集,三分之二以上的从业人员分布在交通运输和建设的基层一线,相当一部分为农民工,文化程度不高,素质提升空间很大。提高交通运输从业人员的素质,特别是把众多基层一线的普通形态的劳动者提升为技能形态的劳动者，对于促进交通运输产业升级潜力巨大。

三是结构优化方式。要优化交通运输产业结构，必须首先优化交通运输从业人员特别是从事政策制定、规划、设计和运输组织管理等工作人员的业务知识、能力等素质结构，这既是前提也是人才智力保障。

**实现协调发展要有相应的人力资源配置**

要实现交通运输建设、养护、管理、运输以及各种运输方式协调发展，必须要有与之相适应的人力资源配置，既要有懂得综合运输的规划和管理人才，又要有懂得交通运输建设、养护、管理、运输业务的专业技术人才，特别是数量充足的与现代交通运输业要求相适应的技能型人才。

● 对交通运输行业来说，从业人员可以分为三大类，交通运输行业各级领导干部、各级政府交通运输部门工作人员、广大交通运输行业基层一线从业人员。

● 基层一线从业人员是行业主体，是素质提高的重点，也是难点。

**记者**：交通运输从业人员众多，其职业素质主要包括哪些方面？对转变交通运输发展方式来说尤为重要的职业素质有哪些？

**申少君**：转变交通运输发展方式，首先要搞清楚转变发展方式需要什么样的从业人员、达到什么样的素质标准，不断激发从业人员活力，释放从业人员潜能，让从业人员有转的意愿和转的能力水平，为实现交通运输发展方式的转变提供人才和智力保障。

一般来讲，从业人员的职业素质包括观念、知识、能力、道德、作风等。对不同职业的从业人员，其素质要求也不一样，不能一概而论。

对交通运输行业来说，从业人员可以分为三大类，交通运输行业各级领导干部、各级政府交通运输部门工作人员、广大交通运输行业基层一线从业人员。

一是交通运输行业各级领导干部。毛主席说："政治路线确定之后，干部就是决定的因素。"要充分发挥部党校在培训交通管理干部中的主渠道作用，让交通运输行业各级领导干部切实转变观念，坚持科学发展的主题和转变发展方式的主线，牢固树立以人为本的科学发展观，这是转变交通运输发展方式的领导保证，也是关键的关键。

二是各级政府交通运输部门工作人员。他们是转变发展方式的政策制定者和组织实施者，是交通运输发展方式转变的中坚力量。应按照学习型、服务型、创新型政府建设要求，严格执行公务员继续教育的有关规定，不断提高政策理论水平，不断增强转变发展方式的能力，加强作风建设，加强管理创新。

三是广大交通运输行业基层一线从业人员，包括专业技术人员和技能人员。他们是交通运输行业从业人员的主体，既是素质提高的重点，也是素质提高的难点。

• 国内外实践证明，职业资格制度是市场经济条件下对从业人员管理特别是提高其职业素质最实、最有效的手段。

**记者**：如何有效提高作为行业主体的基层一线从业人员的素质，实现交通运输发展方式的转变？

**申少君**：基层一线从业人员分布在交通运输市场各领域、各种经济体中，构成复杂，要尊重市场规律，运用法律和市场的手段，建立行之有效的素质提升机制。

国内外实践证明，职业资格制度是市场经济条件下对从业人员管理特别是提高其职业素质最实、最有效的手段。建立和实施职业资格制度，充分发挥职业资格制度在提高从业人员素质中的主要作用，能够切实解决基层一线从业人员素质难以提高的问题。

一是进行科学的职业分类。根据转变发展方式、发展现代交通运输业的要求，对交通运输职业进行科学分类，引导交通运输从业人员资源科学配置，引导健全与转变发展方式，发展与现代交通运输业需求相适应的交通高中等教育和职业培训体系。

二是抓紧制定颁布交通运输职业能力标准。明确交通运输职业特别是符合转变发展方式要求的新兴职业的活动范围、工作内容、技能要求和知识及职业道德水平，坚持以职业活动为导向、以职业能力为核心，突出职业道德，科学反映与转变发展方式要求相适应的职业水平和对从业人员的基本要求，为交通运输从业人员提高素质提供科学标准。

三是建立健全交通运输行业职业资格制度体系。围绕转变交通运输发展方式的目标和任务，对交通运输行业关系公共安全、人身健康、人民生命财产安全的关键职业，依法建立行政许可类职业资格制度体系；对交通运输行业关系公众利益的重要职业，建立能力水平评价制度体系；对交通运输行业主要职业，建立科学的职业标准体系和评价体系。

四是严把关键职业从业人员职业资格考试准入关。根据行业发展实际需求特别是转变发展方式的要求，科学制定职业资格考试大纲，科学命制试题，规范组织考试，确保进入交通运输行业关键职业的人员素质。

五是严把从业人员职业资格继续教育素质提高关。职业资格继续教育制度是职业资格制度体系的重要组成部分。完成规定学时和规定内容的继续教育，是从业人员职业资格证书注册从业的重要条件，以此可以保证交通运输从业人员及时学习掌握交通运输行业发展动态,特别是学习掌握与业务工作相关的新理念、新法规、新标准、新技术等,及时更新业务知识,提高综合素质和业务技能水平,适应转变发展方式的要求。

六是大力开展职业技能竞赛活动。在交通运输行业中技术含量高、从业人员多、社会影响大、示范性强的职业,根据转变发展方式的要求,广泛开展多层次的职业技能竞赛活动,为交通运输行业高技能人才比拼职业技能,宣传推广新技术、新设备、新材料,促进行业转型搭建舞台。不断加大对职业技能竞赛活动中涌现出来的优秀技能人才的奖励力度,营造尊重劳动、尊重知识、尊重人才的行业氛围。

## 江苏：以职业资格为抓手促转型

近年来,江苏省交通运输厅大力推进职业资格工作,努力提升从业人员素质,为加快发展现代交通运输业、促进交通运输转型提供了重要的人才支撑和队伍保障。

有了"金牌工人",才有"金牌工程";有了"金牌员工",才有"金牌服务"。江苏以打造优质品牌工程为目标,大力实施从业人员继续教育计划,制定交通特有工种从业人员继续教育制度,实施交通关键领域从业人员素质提升工程,推行全行业职业教育和培训能力建设计划。

技能人才的优劣、多寡,反映出一个行业的根本竞争力。江苏以服务交通运输转型发展为根本,统筹构建技能人才培养选拔体系。这套培养体系,注重考核评价和评选表彰相结合、能力测试和诚信考核相结合、岗位培训和技能竞赛相结合、行业主体与多方联动相结合。

职业资格,既是行业从业人员的就职门槛和晋升台阶,也是强化行业科学管理、推进行业转型发展的重要载体。江苏以强化行业科学管理为主导，重点推进职业资格制度实施工作，坚持把职业资格持证情况纳入行业发展总体规划，坚持推动职业资格制度与行业管理制度相融合，试点推行职业资格制度与专业技术资格工作有效对接，坚持推动职业资格管理向信息化管理发展。

（来源：2013年6月14日《中国交通报》）

# 借鉴国际经验做好职业资格制度顶层设计

交通运输部职业资格中心主任　申少君

职业资格制度是现代职业教育制度的重要组成部分，发展现代职业教育，必须大力推进职业资格工作。

一项好的制度关键在于好的顶层设计，好的顶层设计要执行好，关键要有好的管理体制和运行机制。我国职业资格制度起步发展只有20年的时间，目前不仅自身体系不健全，把职业生硬地划分为通用职业和行业特有职业，分别由劳动部门和其他行业管理部门各自组织实施，把职业划分为专业技术职业和技能职业，采取完全不同的评价模式，而且职业资格制度体系是个孤岛，没能与国家的学历、文凭资格很好衔接。这既影响了职业资格制度的顺利推进，也不利于职业教育的健康发展。

英国、澳大利亚等许多国家都建立了职业证书与学历文凭等其他证书的对接方案。获得职业资格证书后还可以通过培训学习，进入学历文凭学习体系，从而获得学历、学位，实现了学历教育、职业教育、职业资格制度三者之间的相互对应和转换。日本也建立了与终身教育接轨的职业资格证书制度体系。

建议借鉴发达国家的经验，成立国家职业资格管理委员会，由人社、教育、行业主管部门的领导和专家组成，负责包括国家职业资格制度在内的资格体系顶层设计。国家职业资格管理委员会下设行业管理委员会，负责该行业的职业划分、职业标准制定、职业资格制度建设和指导实施工作。充分发挥行业主管部门熟悉职业的优势，让职业资格证书更科学地反映经济社会发展趋势，更鲜明地突出职业特点，更有力地促进学习型社会建设。

建议教育部与有关行业主管部门共同推进职业院校学生学历文凭和职业资格"双证书"制度。同时采取有效措施，鼓励职业院校积极参与到职业资格工作中，支持职业院校开展职业研究、建立职业资格考试考点和技能鉴定站，吸纳职业院校的专家参与职业资格制度设计、职业开发、职业标准制定、职业资格考试命题等工作。

（本文发表于2013年6月18日《中国教育报》）

# 依法履职依规办事建设学习型服务型职业资格专门机构

交通运输部职业资格中心党委书记、主任　申少君

近日,交通运输部通报了部机关和部属单位九起违纪案件的查处及问责情况,印发了《关于全面深化交通运输法治政府部门建设的意见》。这再次彰显了部党组对贯彻落实全面从严治党和全面依法治国战略的高度思想自觉和行动自觉。

部职业资格中心将以案为鉴,举一反三,自觉按照部党组的要求,牢记事业单位的职责使命,强化公益性、服务性特质,积极依法履行部赋予的职责,努力建设学习型服务型法治型职业资格专门机构,为助推"四个交通"建设、服务"先行官"战略作出应有贡献。

## 一、更加突出中心的公益性服务性特质,在准确定位、依法履职上下功夫

作为交通运输部职业资格工作专门机构,部职业资格中心承担着实施职业资格制度,推进专业技能人才队伍建设,密切服务数千万从业人员的重要职责,必须始终牢记公益性服务性职责定位,正确履职,依规办事。一是坚持履职为基,认真学习、有效履行部赋予中心的职责,把职责履行好,把事业单位的公益属性发挥好,把职业资格的技术性事务性工作干对干好。借鉴互联网思维,创新职业资格工作理念,建设好惠及广大从业人员的交通运输职业学习平

台。二是坚持服务为本，加强交通运输职业和人才评价技术研究，为部机关服务，当好"智库"；为行业服务，提供高水平的职业标准和人才评价；为从业人员服务，让职业资格考试更科学、更便捷、更经济。三是坚持在法治轨道上干事创业，在落实中央和部党组决策部署上，不打折扣、不做选择、不搞变通。在推进工作上，自觉运用法治思维和法治方式，严格依法依规设置职业资格，严格收费项目和标准，做到不给基层添麻烦、不给从业人员加负担。在中心内部管理上，加快质量管理体系建设和认证，加强法治文化建设，强化民主和法治意识，健全制度机制，按章办事。四是坚持党要管党、从严治党，全面落实党风廉政建设党委主体责任和纪委监督责任，党员干部带头讲规矩、守纪律、知敬畏。对照违纪案件，认真查找是否存在履行"一岗双责"不到位的问题；对照基本建设制度，认真查找信息化等项目建设中有无违规分包、指定分包、非法转包、规避招标等行为；梳理中心对外业务活动，认真查找有关收费、项目开发有无与民争利、利益输送等问题；检视职业资格制度实施工作，认真查找有无自设职业资格项目以及以考谋私、以分谋私、以证谋私等问题。

## 二、更加突出中心的学习型研究型特质，在练好内功、有效履职上下功夫

职业资格是一项政策性、专业性很强的工作，是一项复杂的系统工程，特别是在新常态新形势下面临许多新情况新问题，要有履职尽责的良好意愿，更要有履职尽责的过硬本领。一是在学习上求"实"。认真学习领会"四个交通"内涵，强化职业资格工作服务交通转型发展的历史使命；学习领会"一带一路"倡议布局，找准职业资格事业发展的定位；学习领会"先行官"意义要求，坚定提高

从业人员素质、服务专业技能人才的努力方向。按照"懂人、懂事、懂行业"的要求,坚持每周一次业务交流、每两周一次"党史之窗"讲解、每月一次"廉政课堂"教育、每季度一次学习效果测试,不断完善中心干部职工的知识结构和能力结构,不断提高政治素质和业务能力。二是在调研上求"实"。深入交通运输行业一线,和广大基层从业人员交朋友,倾听民声心声呼声,办好事解难题求实效,努力把职业资格工作做到从业人员心坎上。既注重在调研中摸清实情,研究制定有针对性的政策措施,又注重在调研中学习借鉴,取他山之石为我所用。三是在科研上求"实"。切实加强职业研究并用研究成果指导职业标准建设、职业胜任力模型构建、职业资格考试命题、职业数据库和职业信息网建设等工作,不断提高职业资格工作科技含量。

## 三、更加突出中心的发展转型期队伍成长期特质,在铸魂强身、锤炼作风上下功夫

全面深化改革对包括职业资格在内的交通运输工作提出了转型升级的新要求,加强事中事后监管呼唤新的从业人员职业行为动态监管抓手,"互联网+"呼唤新的从业人员继续教育形态,大众创业呼唤新的从业人员"一站式"服务平台。啃硬骨头要靠强健体魄、过硬作风,一个平均年龄34岁、成立刚刚10年的年轻集体肩负着交通运输职业资格制度改革发展的使命,必须胸怀担当开拓创新、砥砺作风攻坚克难。一是强化党员领导干部的思想教育,坚定理想信念,加强党性修养,把守纪律、懂规矩转化为党员领导干部的思想自觉和行动自觉,切实在思想上、行动上真正做到严起来实起来。二是要扎实开展"三严三实"专题教育,按照"把自己摆进去、把思想摆进去、把职责工作摆进去"的要求,找准找实"不严

不实"问题，立行立改抓好整改，使整改过程成为"三严三实"专题教育不断深化的过程，成为落实全面从严治党要求、深入推进党风廉政建设的过程。三是高度重视中央巡视组巡视交通运输部时指出的问题，深入查找管理方面的薄弱环节，从完善制度入手，进一步完善中心工作规则、三重一大决策制度，制定党委工作规则等党的建设规章制度，完善内部管理体制机制，建立人防技防有机结合的管理系统，使各项工作都有制度遵循，不断推进法治中心建设。四是以激励约束机制建设保障强作风，逐步建立健全追责问责机制和绩效考评机制，既避免乱作为，又避免不作为，强化考评结果在绩效工资、评先评优等方面的运用，引导干部职工把心思用在学习工作上，做出经得起实践、人民、历史检验的业绩，不断为职业资格事业和"四个交通"发展注入正能量。

（本文发表于 2015 年 9 月 17 日《中国交通报》）

# 发挥职业资格制度作用促进交通运输治理体系和治理能力现代化

交通运输部职业资格中心党委书记、主任　申少君

党的十八届五中全会在深刻分析全面建成小康社会决胜阶段我国经济发展速度变化、结构优化、动力转换三大特点的基础上，提出把劳动力作为供给侧结构性改革的五大要素（劳动力、资本、土地、技术、管理）之一，强调要"提高劳动力素质、劳动参与率、劳动生产率"，从主要依靠资源和低成本劳动力等要素投入转向创新驱动，由过多依赖自然资源转向更多依靠人力资源。交通运输要转型提质增效，更好适应、把握、引领经济发展新常态，为全面建成小康社会当好先行，必须统筹人、基础设施、装备、环境等交通运输各要素的发展，突出从业人员这一核心要素，推进交通运输治理体系和治理能力现代化。

## 一、从业人员是交通运输发展的核心要素也是"短板"

从经济社会发展看，在生产力三要素——劳动者、劳动资料和劳动对象中，劳动者是首要的、能动的、最活跃的因素。具有一定知识、经验和技能的劳动者，通过掌握和运用一定的劳动资料（以生产工具为主），将各种劳动对象（自然物、原材料、初级产品等）改造成为能够满足人们各种需要的劳动产品，从而推动经济社会发展。从交通运输发展看，在人、基础设施、装备和环境等交通运输要素中，交通运输从业人员既是交通基础设施的建设者和运输服务

的提供者，也是建设质量和运输安全的保障者，交通运输市场环境和诚信体系的维护者，是交通运输发展最活跃、最能动的关键要素，对于解放和发展交通运输生产力、推进交通运输治理体系和治理能力现代化至关重要。

交通运输基础设施建设的大发展和现代装备水平的大提高，对交通运输从业人员提出了新的更高的要求。目前，在交通运输要素中，交通运输从业人员是块"短板"，从业人员素质与交通运输治理体系和治理能力现代化的要求不适应。以道路交通安全为例，根据事故统计分析，由于驾驶员、车辆和道路原因造成的道路交通事故死亡人数，分别约占71.6%、6.2%和0.16%，由于非机动车驾驶员、行人等其他原因造成的事故死亡人数约占22.04%，驾驶员素质不高、操作技能差、安全意识不强，是导致道路交通事故多发的最主要因素。与之类似，在"东方之星"客轮翻沉事件、天津港"8·12"特大火灾爆炸事故等水运安全事故中，存在从业人员对风险认知不足、安全知识匮乏、在紧急状态下应对不力等共性问题。要补齐从业人员这块短板，解决好交通运输人力资源保障和从业人员职业素质提高问题。

## 二、职业资格制度是市场配置人力资源和政府监管关键岗位从业人员的有效机制

职业资格制度是社会主义市场经济条件下科学评价、选拔、配置人才的一项重要制度，其通过职业标准制度、考试制度、注册（登记）管理制度、继续教育制度和从业管理制度，达到提高从业人员职业素质、规范从业人员职业行为、促进从业人员职业发展的效果。

提高从业人员职业素质。职业资格考试是科学评价从业人员的知识和技能水平的制度设计，职业资格考试成绩是行业科学选拔和

配置人力资源的重要依据。继续教育制度是引领从业人员知识更新的制度设计，可以保证从业人员及时掌握与业务工作相关的法律法规、标准规范和行业政策，了解行业发展动态特别是新理念、新技术、新工艺、新设备、新材料。通过职业资格考试制度和继续教育制度，政府和市场可以区分从业人员的职业素质高低，可以辨别从业人员的职业素质是否在动态提高，可以有效促进从业人员职业道德强化、职业知识更新、职业能力提高、职业适应性增强。

规范从业人员职业行为。职业标准制度是政府履行行业监管职责、加强事中事后监管的制度设计，职业标准和评价规范界定了从业人员的职业活动范围、工作内容、知识、技能和职业道德要求。注册管理制度和从业管理制度是对从业人员职业活动监督管理、规范从业人员职业行为的制度设计，对考试取得职业资格证书且符合注册条件的人员进行初始注册、延续注册或变更注册，对不符合继续教育或从业要求等注册条件的人员不予注册或撤销注册，对发生重大工程质量、运输安全责任事故或有其他重大失信行为的从业人员取消职业资格，可以把好从业人员职业行为动态监管关。

促进从业人员职业发展。职业资格将行业发展要求、职业发展规律和从业人员发展需求结合起来，以从业人员需求作为工作的出发点，以从业人员满意作为工作的落脚点，强调行业发展依靠从业人员和行业发展成果由从业人员共享并重，突出从业人员职业上的全面发展，也就是职业通道拓宽、职业地位提升、职业归属感增强、职业幸福指数提高。职业资格通过人力资本投资，有效提高了从业人员的精神、身体、知识和能力素质，把素质较低的劳动者改造为素质较高的从业人员，把普通形态的劳动者改造为技术形态的从业人员，让从业人员职业行为有水准、职业地位有保障、职业发展有通道、职业环境有归属。

## 三、紧紧围绕"两个引领"抓实抓好职业资格工作

2012年9月27日,杨传堂部长在部职业资格中心调研时作出了"两个引领、两个提高、两个加强"的重要指示,突出强调职业资格工作要引领从业人员职业素质全面提高、引领交通运输人才队伍科学发展。我们要将落实杨传堂部长重要指示和落实《交通运输部关于提升交通运输从业人员素质的指导意见》结合起来,把职业资格工作抓实抓好。

加强职业标准建设,引领交通运输人力资源配置。关键岗位从业人员领域是交通运输行业信用体系建设的八大重点领域之一,职业标准是交通运输行业信用标准体系的重要组成部分。认真落实《2016年交通运输行业信用体系建设重点工作方案》,加快推进道路客货运汽车驾驶员、汽车维修工、公路养护工、船舶引航员、轨道交通列车司机等职业标准编制工作,为行业科学选拔和配置人力资源、规范从业人员职业行为提供科学标准。

加强职业资格考试技术创新,引领从业人员职业能力科学评价。在总结道路运输从业资格计算机考试系统经验的基础上,以人机交互界面友好为重点完善计算机考试系统,逐步实现从纸笔考试到计算机考试的转变,从技术手段上使交通运输职业资格考试更加公平、公正。完善道路客货运输驾驶员应用能力虚拟场景考试系统,用三维动画技术和虚拟场景技术模拟实际行车状态,从车辆、道路、环境、其他交通参与者等方面设置危险源辨识与防御性驾驶考核点、节能驾驶考核点,在不进行实车操作的前提下,客观评判考生的安全操作技能和节能驾驶技能。

加强网络继续教育,引领从业人员职业知识不断更新。总结公路工程造价人员、公路水运工程试验检测人员、道路运输驾驶员等

职业资格继续教育工作经验，逐步实现已经实施考试的职业资格继续教育全覆盖。充分运用网络远程方式和移动客户端开展职业资格继续教育，采取实际案例、实地拍摄、场景模拟、虚拟现实等多种方式和技术普及优质教育资源。注重用户体验，不断提高继续教育系统的稳定性和便捷性，不断提高网络继续教育的人性化程度和服务满意度。

加强职业技能竞赛工作，引领从业人员职业地位提升。坚持行业竞赛与社会资源联动、与技术推广结合、与打造"大国工匠"统筹，在交通运输行业中技术含量高、从业人员多、社会影响大、示范性强的职业广泛开展多层次的职业技能竞赛活动。继续争取人力资源社会保障部、全国总工会对全国交通运输行业职业技能竞赛活动的支持，对优胜选手授予上至"全国五一劳动奖章"荣誉称号的奖励。协调有关媒体、地方交通运输主管部门和交通运输企事业单位切实加大对职业技能竞赛优胜选手的宣传和奖励力度，奖荣誉称号、奖职业资格晋升、奖上镜机会，努力把竞赛办成技能人才成长的大舞台、助推器。

加强职业规律研究，引领从业人员职业发展。开展交通运输职业活动、职业技术、职业工具等职业要素研究，职业标准、职业胜任能力特征及评价技术、评价方法和评价手段研究，职业信息采集和职业发展等基础研究，建设全国交通运输行业主要职业数据库和职业信息网，陆续出版《交通运输职业手册》、《交通运输职业系列丛书》、《交通运输职业伦理》、《交通运输从业人员发展白皮书》等。统筹推进职业联系点建设、职业调查、职业研究、职业数据和职业信息采集更新、职业胜任力模型构建、职业标准制修订等工作。

（本文发表于2016年5月31日《中国交通报》）

## 让交通运输职业更有吸引力

部职业资格中心党委书记、主任申少君谈交通运输职业研究

交通运输是国民经济中基础性、先导性、战略性产业，是重要的服务性行业，同时也是一个与就业、民生密切相关的行业，有 4000 余万从业人员，一名从业人员背后就是一个家庭，按一家 3 口人算，支撑着 1 亿多人的生计。如何让交通运输这一就业容量大的职业，成为吸引力强的职业，一直被交通运输部职业资格中心（简称部职业资格中心）视为重中之重的工作。近年来，部职业资格中心围绕这一目标，以交通运输职业研究工作为抓手，统筹推进交通运输职业建设联系点建设、交通运输职业信息网建设、交通运输从业人员职业状况调查、交通运输职业胜任力模型构建、交通运输职业研究系列丛书编写、交通运输职业发展研讨会等工作，取得了阶段性成果。近日，部职业资格中心党委书记、主任申少君接受本报专访，介绍了部职业资格中心开展交通运输职业研究工作的思路和举措。

### 交通运输职业应当成为受人尊敬的职业

在欧美等经济发达国家，卡车司机是一个收入可观、社会尊重程度较高的职业。但在我国道路货运行业，有相当比例的单车经营业户，两口子吃住都在车上，货物运到哪里，"家"就移到哪里，因为组织化程度低，联系、等待货源的时间较长，业务不饱满，加之运价低，他们的社会地位也不高，其直接影响是这个职业的吸引力不高、进入职业前接受的专业化培训程度不高、进入职业后提升

自身职业素质的意愿不高。卡车司机只是交通运输职业的一个剪影，大量的公路、桥梁一线从业人员，道路客运驾驶员，出租汽车驾驶员，受教育程度本身就不高，进入职业前接受的专业化培训又不够，让交通运输职业走进了一个"较低门槛——较低收入——较低吸引力"的恶性循环。

"衣食住行"是人的生活的必需品，"人便于行，货畅其流"是交通运输服务的目标追求。作为为公众提供出行和货运服务的交通运输职业，与人民生命财产安全密切相关，与人民对美好生活的需要密切相关，理应受到社会的尊重。正是基于这一点，部职业资格中心决定加强交通运输职业研究，深度挖掘和向公众展示交通运输职业的价值，还交通运输职业以本来的职业定位和应有的社会地位。

**建立科学的交通运输职业分类体系和职业标准体系**

一个行业的职业分类及其职业发展状况，反映了这个行业的发展水平尤其是这个行业应用科学技术的水平。从这个意义上说，对一个行业的职业进行科学分类显得尤为重要。在 2010 年至 2015 年牵头承担《中华人民共和国职业分类大典》（交通运输、物流和邮政类）期间，部职业资格中心将研究工作做在前头，用研究成果支撑工作建议，在部科技司的支持和人事教育司的指导下，完成了交通运输部软科学研究项目《〈国家职业分类大典（交通运输）〉修订研究》，并编著出版了《交通运输职业手册》一书，构建了交通运输职业分类体系。新分类体系中共有交通运输职业 104 个，其中铁路 25 个，公路 19 个，水路 22 个，民航 17 个，邮政 11 个，多种运输方式相关的 10 个。总体上看，新分类体系既充分反映了每一种运输方式职业的新特点、新发展、新需求，又体现了综合运输职业分类体系，分类更加科学规范、结构更加清晰严谨、内容更加贴近行业实际。

职业标准制度是政府履行行业监管职责、加强事中事后监管的制度设计,职业标准和评价规范界定了从业人员的职业活动范围、工作内容、知识、技能和职业道德要求。部职业资格中心对列入《中华人民共和国职业分类大典》的交通运输职业,按照统筹推进、急需先建、压茬安排的思路,大力推进职业标准制修订工作。一方面,根据《国家职业技能标准编制技术规程(2018版)》,推进了轨道列车司机、起重装卸机械操作工、筑路工、桥隧工、机动车检测工等职业技能标准制修订工作,另一方面,根据工作需要,探索推进桥梁勘察设计人员、公路造价工程技术人员等专业技术人员职业标准编制工作,开创了专业技术人员职业标准的交通样板,吸引了国土资源部人力资源开发中心等单位的关注和借鉴。

## 通过职业研究把交通运输职业价值展示出来

部职业资格中心过去更重视对资格的研究,近年来,越来越重视对职业的研究。开展交通运输职业研究,就是面向过去,把职业发展的规律研究清楚,面向现在,把职业的内涵、外延研究清楚,面向未来,研究新理念、新技术、新工艺对职业的影响,对职业的发展趋势开展前瞻性研究。当前,部职业资格中心主要从点、书、会、网等四个方面开展职业研究。

"点",就是交通运输职业建设联系点。对与人民生命财产安全密切相关、从业人员有一定规模的交通运输主要职业,与本行业的龙头单位合作建立交通运输职业建设联系点,发挥这些单位离生产实践近的优势,参与本职业及其从业人员相关信息的调查、采集工作,成为交通运输职业信息采集点;参与本职业胜任力模型、职业伦理、职业环境、职业发展等研究工作,成为交通运输职业分析研究点;组织本职业的从业人员参与该职业资格考试样题试测,协助做好考后跟踪评价等工作,成为交通运输职业资格实验点;为部职业资格中心的工作人员深入一线开展蹲点调研提供帮助，成为职业资格队伍建设培养点。部职业资格中心分3批建立了15个交通运输职业建设联系点，这些联系点中的大部分在从业人员职业状况调查、交通运输职业研究"两书一会"、部职业资格中心青年干部蹲点调研，以及职业资格考试和继续教育等工作中发挥了较好作用。

"书"，就是交通运输职业系列丛书。具体来说，包括《交通运输职业手册》、《交通运输职业丛书》、《交通运输职业伦理》、《中国交通运输从业人员发展报告》。这四套书，分别聚焦交通运输职业"涵盖哪些""从事什么""敬畏什么""怎样发展"等问题。《交通运输职业手册》从职业定义、职业工作内容、主要职业工具、主要职业技术、主要职业法律法规、主要职业标准规范、国家职业标准、职业环境、国家职业资格、基本文化程度等十个维度解析交通运输职业，已于2016年10月出版。《交通运输职业伦理》将应用伦理学的通用原则和交通运输职业的特有属性结合起来，是我国第一本专题研究交通运输职业伦理问题的专著，预计今年年内出版。《交通运输职业丛书》和《中国交通运输从业人员发展报告》，聚焦某一个交通运输职业进行深入研究，2017年出版了船舶引航员这一职业的两本书，2018年还要出版公路水运工程试验检测人员、桥梁工程设计人员这两个职业的两本书。

"会"，就是交通运输职业发展研讨会。是某一个职业的方方面面的领导、专家和从业人员代表共商职业发展大计、共建职业发展平台、共享职业发展信息的平台，通常聚焦职业发展状况、队伍建设、职业保护、职业伦理、职业形象建设等问题。2017年，部职业资格中心会同中国引航协会举办了首届中国船舶引航员职业发展研讨会。今后，出版《交通运输职业丛书》和《中国交通运输从业人员发展报告》的职业，都将举办职业发展研讨会。

"网"，就是交通运输职业信息网。这个网站是交通运输职业资格考试数据服务平台的有机组成部分，定位为提供职业信息检索查询、职业知识更新、职业测评、就业咨询等服务的一站式公益平台。目前，国内尚未有哪个行业建立职业信息网，这也是一项开创性的工作。

对职业规律、职业现状、职业展望的研究成果，集中体现在点、书、会、网的某一方面或某几个方面。

### 构建有效支撑交通强国建设的职业胜任特征模型

推动高质量发展是未来一个时期交通运输工作的根本要求，高质量的发展需要高素质的队伍来支撑。要有一把准确的尺子来量一量从业人员是否适应交通强国建设的要求，前提是构建有效支撑交通强国建设的职业胜任特征模型。部职业资格中心从职业资格考试的成人特点、交通运输行业特点、交通运输职业特点出发，用现代人才测评理论，先后构建了汽车维修工、公路养护工等7个职业胜任特征模型。这些职业胜任特征模型，对编制职业标准、优化考试大纲、改进考试命题、修正继续教育内容，发挥了积极作用。

部职业资格中心不断加强职业资格考试技术创新，推进职业资格考试从主要依靠经验到主要依靠技术方法手段、从考务服务公平到考评技术公平的提升。在经营性道路客货运输驾驶员从业资格考试中，应用了虚拟场景考试技术；在机动车检测维修专业技术人员职业水平考试中，应用了计算机实操考试系统；在公路水运工程试验检测专业技术人员职业水平考试中，应用了"梅花卷"技术，打乱试题顺序，同一考生的前后左右的试卷与其都不一样，降低了舞弊行为发生概率。

## 做好交通运输职业展望的前瞻布局

随着新一轮科技革命和产业变革的兴起,新技术、新工艺、新装备、新材料在交通运输行业广泛应用,一些传统职业和业态将被淘汰,新的职业和业态大量涌现。比如,随着能源革命的推进,传统的柴油车、汽油车比例将逐步减少甚至消亡,取而代之的是新能源汽车,相应地,对从业人员的职业素质要求和职业健康保障会发生深刻变化。随着人工智能技术的发展,无人驾驶、无人操控逐步进入现代交通运输领域,多国开展了无人驾驶车辆实际路况测试,全自动化集装箱码头在青岛港成功投产,驾驶员、桥吊司机等传统职业可能会逐步退出历史舞台。世界经济论坛预计,到2020年,人工智能将取代全球逾500万个工作岗位。随着新材料、新技术的应用,自发光路面、新型沥青材料投入生产,在给人们带来更加舒适的出行体验的同时,也对从业人员的技术技能提出更高要求。部职业资格中心将努力从交通运输职业展望的角度做好前瞻布局,积极应对产业升级、知识和技能错配带来的挑战。

站在中国特色社会主义进入新时代、交通运输行业上下奋力开启交通强国建设新征程的新起点上,部职业资格中心将不断加大交通运输职业研究力度,推进社会公众更加准确地认识交通运输职业的价值,推进从业人员的高技能、高素质为其带来更多的获得感、归属感,吸引凝聚更多的人才加入交通运输行业、参与到交通强国建设中来。

(来源:2018年6月28日《中国交通报》)

# 发挥职业资格制度作用
# 为高质量发展提供人才支撑

交通运输部职业资格中心党委书记、主任　申少君

习近平总书记强调，发展是第一要务，人才是第一资源，创新是第一动力。推动交通运输高质量发展，要确立人才引领发展的战略地位，科学选才育才，竭力聚才用才，构建基础设施、运输装备、人力资源协同发展的现代化交通运输体系。我们将积极发挥职业资格制度科学评价、选拔、配置人才的基础性作用，为交通运输高质量发展提供人才支撑。

**一是创新职业资格考试方式，选拔与交通运输高质量发展相适应的专业技术人才**。在构成交通运输行业职业资格制度体系的职业标准、职业资格考试、注册管理、继续教育、从业管理、国际互认等6项制度中，职业标准引领着职业资格考试"考什么"、从业人员"学什么"。我们将用职业研究最新成果指导职业标准编制工作，准确把握职业内涵外延，构建职业胜任特征模型，建立健全科学反映交通运输职业属性、岗位要求的专业技术人员职业标准体系。坚持德才兼备，对人才的职业道德、从业操守和职业知识、职业能力考核并重，在考试大纲与行业发展的适应性、考试试题对测试职业能力的有效性上下功夫，把交通运输高质量发展对人才的专业能力、专业素养、专业精神的要求充实到职业资格考试大纲、试题中来，选拔能够担当交通运输高质量发展重任的专业技术人才。

**二是贯彻落实《国家职业教育改革实施方案》，培育对接交通

**运输高质量发展需求的高技能人才**。习近平总书记强调，要加快知识更新、加强实践锻炼，使专业素养和工作能力跟上时代节拍。这一要求，不仅适用于各级领导干部，也适用于各类高技能人才。我们将坚持以职业需求为导向、以实践能力培养为重点，推进职业资格工作与职业教育改革工作相衔接，从加强继续教育工作和加强职业技能等级认定工作入手，培育对接交通运输高质量发展需求的高技能人才。在加强继续教育工作方面，我们将把交通运输高质量发展所需的政策法规、标准规范、业务知识、职业技能、职业道德纳入继续教育标准体系，加强移动互联网技术的应用，大力发展网络继续教育，促进交通运输从业人员职业道德强化、职业知识更新、职业能力提高、职业适应性增强。在加强职业技能等级认定工作方面，我们将对事关交通运输高质量发展特别是与交通运输安全发展密切相关的关键职业，统筹职业资格评价、职业技能等级认定、专项职业能力考核等工作，为交通运输职业院校学生取得1＋X证书（1个学历证书和多个职业技能等级证书）创造条件。

**三是聚焦让交通运输职业成为受人尊敬的职业，把优秀人才集聚到交通运输高质量发展征程中来**。作为为公众提供出行和物流服务的交通运输职业，与人民生命财产安全密切相关，与人民对美好生活的需要密切相关，理应受到社会的尊重。一方面，我们将推进社会公众更加准确地认识交通运输职业的价值。加强交通运输职业研究，深度挖掘和向公众展示交通运输职业的价值，还交通运输职业以本来的职业定位和应有的社会地位。2019年将推出桥梁工程师、机动车驾驶教练员等"两书一会"（交通运输职业系列丛书、中国交通运输从业人员发展报告、职业发展研讨会）成果。另一方面，我们将推进从业人员的高技能、高素质为其带来更多的获得感、归属感。协助部有关司局把全国交通运输行业职业技能竞赛活动，办成全行业"能工巧匠"展示技能、交流技术、切磋技艺的平台，广大从业人员展现良好精神风貌、弘扬专业主义精神的平台，增强广大从业人员职业荣誉感、行业归属感的平台。

人才优势，是交通运输高质量发展最需培育、最具潜力、最可依靠的优势。我们将实施好交通运输行业职业资格制度，推动交通运输专业技术人才和技能人才队伍建设，真正使人才成为推动交通运输高质量发展的第一资源、第一优势。

（本文发表于 2019 年 3 月 20 日《中国交通报》）

# 打造适应交通强国需要的职业技能人才大军

交通运输部职业资格中心党委书记、主任　申少君

建设交通强国的过程,就是一个实现交通运输现代化的过程。实现交通运输现代化,关键是实现人的现代化;实现人的现代化,核心是要实现人的职业素养的现代化。打造一支适应交通强国需要的职业技能人才大军,既是建设交通强国的重要任务,也是建设交通强国的有力支撑。我们要认真贯彻落实《交通强国建设纲要》(简称《建设纲要》),努力打造适应交通强国需要的职业技能人才大军。

**一、坚持一个根本遵循——坚持把习近平总书记重要指示精神作为做好技能人才工作的根本遵循**

在行业上下学习宣传贯彻落实《建设纲要》之际,习近平总书记对我国技能选手在第 45 届世界技能大赛上取得佳绩作出重要指示,向我国参赛选手和从事技能人才培养工作的同志们致以热烈祝贺。习近平总书记强调,劳动者素质对一个国家、一个民族发展至关重要。技术工人队伍是支撑中国制造、中国创造的重要基础,对推动经济高质量发展具有重要作用。要健全技能人才培养、使用、评价、激励制度,大力发展技工教育,大规模开展职业技能培训,加快培养大批高素质劳动者和技术技能人才。要在全社会弘扬精益求精的工匠精神,激励广大青年走技能成才、技能报国之路。习近平总书记的重要指示,为我们做好新时代交通运输技能人才工作,为加快

建设交通强国提供人才支撑提供了根本遵循。

职业资格制度是社会主义市场经济条件下科学评价、选拔、配置人才的一项重要制度。职业资格工作是技能人才工作的重要内容，是市场经济环境下加强技能人才队伍建设的有效载体。交通运输部职业资格中心将不断提高政治站位，进一步增强"四个意识"、坚定"四个自信"、做到"两个维护"，深入学习贯彻习近平总书记重要指示精神，紧密结合交通运输实际，重点围绕技能人才培养、使用、评价、激励4个环节，切实做好交通运输技能人员职业研究（包括职业展望和职业保护研究等）、职业标准制定、职业技能鉴定（包括从业资格考试、技能等级认定）、职业技能竞赛和继续教育等工作。

## 二、打造一支人才队伍——打造适应交通强国建设要求的高素质劳动者和技术技能人才队伍

在交通强国建设九大重点任务中，人才队伍建设工作既是九大重点任务之一，也是其他八大重点任务的人才支撑。劳动者是生产力三要素中最能动最关键的要素，在交通运输基础设施、运输装备、从业人员和政策环境等诸多要素中，从业人员也是最能动最关键的要素。但是随着其他要素的高速发展，从业人员这个要素已经成为交通强国建设的短板。落实《建设纲要》，造就一支素质优良的知识型、技能型、创新型劳动者大军，大力培养支撑交通强国建设的交通技术技能人才队伍，目标是把素质较低的劳动者提升为素质较高的劳动者，把普通形态的劳动者提升为技术技能形态的劳动者，把职业化程度较低的劳动者提升为职业化程度较高的劳动者。要发挥好职业资格工作对从业人员职业素质全面提高、交通运输人才队伍科学发展的引领作用，加快培养大批适应交通强国建设要求的高

素质劳动者和技术技能人才。

一是健全交通运输职业标准体系。职业标准制度是政府履行行业监管职责、加强事中事后监管的制度设计。职业标准界定了从业人员的职业活动范围、工作内容、知识、技能和职业道德要求，是职业教育培训和课程开发的依据，是评价从业人员职业素质的标尺，是规范从业人员职业行为的准则，是国家治理体系和治理能力现代化的重要内容。加强交通运输技能人员职业标准制修订工作，健全在职业上全面覆盖、在内容上动态更新的职业标准体系，为交通运输人才队伍建设校准坐标。

二是完善职业资格评价、职业技能等级认定、专项职业能力考核等交通运输技能人才多元化评价体系。以涉及交通运输安全的技能人员为重点，组织好全国交通运输从业资格考试工作。做好城市轨道交通列车司机等职业技能鉴定工作。对公路养护工等未列入国家职业资格目录、行业发展急需的交通运输职业，依据国家有关规定开展职业技能等级认定工作，为交通运输职业院校学生取得"1+X"证书（1个学历证书和多个职业技能等级证书）创造条件。

三是积极开展展示交通运输职业内涵和技能人才风采的职业技能竞赛活动。牢牢把握"富有新意、影响广泛"的目标，不断提升职业技能竞赛工作水平。围绕交通强国建设大局，以事关综合交通基础设施网络建设、运输结构调整、运输安全发展的职业为重点，科学谋划交通运输行业职业技能竞赛工作，进一步彰显交通运输行业职业技能竞赛的内生价值、品牌效应和社会影响，推动更多交通运输行业的"工人明星""劳动榜样"和"能工巧匠"脱颖而出。

### 三、构建一个职业体系——构建适应交通强国建设要求的综合交通运输职业体系

落实《建设纲要》，构建安全、便捷、高效、绿色、经济的现代化综合交通体系，打造一流设施、一流技术、一流管理、一流服务，要求人力资源配置与一流的基础设施、交通装备、运输服务相适应，需要科学完善的综合交通运输职业体系来保障。

一是完善交通运输职业分类体系。一个行业的职业分类及其职业发展状况，反映了这个行业的发展水平尤其是这个行业的科学技术应用水平。系统梳理交通运输职业分类，做好《中华人民共和国职业分类大典（交通运输）》和《交通运输职业手册》修订工作，构建与安全、便捷、高效、绿色、经济的现代化综合交通体系相适应的综合交通运输职业分类体系。

二是加强交通运输职业展望和新职业开发。以人工智能、大数据和互联网为代表的新一轮科技革命和产业变革正在兴起，新技术、新工艺、新装备、新材料在交通运输行业广泛应用，新职业、新业态大量涌现。加强智能交通、绿色交通、共享交通等新技术新业态对从业人员的职业素质和职业健康保障新要求的前瞻性研究，增强把握交通运输职业发展趋势的能力，积极应对产业升级、知识和技能错配带来的挑战。认真做好新职业的研究、申报和发布工作。

三是建立健全交通运输职业数据库和职业信息网。加强交通运输职业信息采集、更新、发布工作，为交通运输从业人员提供职业信息检索查询、职业知识更新、职业技能测评、就业咨询一站式服务。

### 四、完善一个保障机制——完善适应交通强国建设要求的技能人才职业权益保障机制

落实《建设纲要》，建设人民满意、保障有力、世界前列的交

通强国，要求我们把人民满意作为首要目标，把握"只有让从业人员满意、从业人员才能提供人民满意的交通运输服务"的大逻辑，在牢记人民交通为人民的同时，牢记人民交通靠人民，为从业人员提供更多更好的职业服务。

一是不断增强从业人员安全感。认真贯彻落实习近平总书记关于产业工人队伍"政治上保证、制度上落实、素质上提高、权益上维护"的重要指示精神，深刻吸取重庆万州公交车坠江事件教训，加强职业保护，维护从业人员合法权益，让从业人员人身安全受保护、职业健康有保障。

二是不断增强从业人员获得感。重新审视交通运输职业资格服务全流程，认真检视有没有考试便民服务不优、网络继续教育用户体验不好、从业人员关切回应不及时等问题，积极推进交通运输职业资格工作便利化，改进提升交通运输职业资格服务，让服务对象在更加人性化的服务体验中增强获得感。

三是不断提高从业人员职业地位。交通运输是社会主义现代化强国建设的先行领域和战略支撑，广大交通运输从业人员是运输安全的保障者、服务质量的提供者和市场环境的维护者，交通运输职业理应受人尊重。加强交通运输职业研究，深度挖掘和向公众展示交通运输职业的社会价值，还交通运输职业以本来的职业定位和应有的社会地位，凝聚更多的天下英才加入交通运输行业、参与到交通强国建设中来。

（本文发表于 2019 年 11 月 13 日《中国交通报》）

职业资格制度助力加快建设交通强国
——交通运输职业资格工作20周年文集（实践篇）

# 始终坚持人民至上　全心服务从业人员

交通运输部职业资格中心党委书记、主任　申少君

在中国共产党成立100周年的重要历史时刻，党中央召开十九届六中全会，全面总结党的百年奋斗重大成就和历史经验并作出重要决议，进一步确立了习近平同志党中央的核心、全党的核心地位，确立了习近平新时代中国特色社会主义思想的指导地位，对于全党全军全国人民统一思想、统一意志，增强信心、砥砺前行，实现第二个百年目标，实现中华民族伟大复兴的中国梦，具有重大的历史意义和现实指导意义。党百年奋斗的伟大成就令人鼓舞，"四个意识"更加牢固、"四个自信"更加坚定、"两个维护"更加自觉。党百年奋斗的历史经验启人心智，让我们进一步看清楚了我们党过去为什么能成功、未来怎样才能继续成功。

《中共中央关于党的百年奋斗重大成就和历史经验的决议》开篇提出"中国共产党自一九二一年成立以来，始终把为中国人民谋幸福、为中华民族谋复兴作为自己的初心使命"，把坚持人民至上作为十条历史经验之一，全篇249次提到"人民"，充分彰显了习近平总书记人民领袖的人民情怀，彰显了我们党全心全意为人民服务的根本宗旨，彰显了以人民为中心的发展思想。

交通运输部职业资格中心服务全国交通运输从业人员，深知在交通运输发展要素中，从业人员是最能动最关键的要素，懂得"只有让从业人员满意、从业人员才能建设人民满意交通"的大逻辑。加快建设交通强国，一定要坚持党的领导、坚持人民至上，牢记人

民交通为人民、人民交通靠人民。中心全体干部职工将把从业人员放在心中最高位置，努力为从业人员提供更省心、更舒心、更放心的职业资格服务。

**深入实施交通运输职业资格"便民服务"工程，为从业人员办实事做好事解难事**。巩固深化党史学习教育"我为群众办实事"成果，深化放管服改革，在职业资格工作中始终坚持费用"能免尽免"、工作程序和证明材料"能简尽简"、从业人员关切的事情"能办尽办"，进一步提高从业人员的获得感幸福感安全感。

**深入实施交通运输从业人员安全素质提升工程，提高从业人员的安全发展能力和本领**。以关系交通运输安全的职业为重点，完善其职业资格评价、职业技能等级认定、专项职业能力考核等多元化评价方式，不断提升从业人员的安全发展空间。

**深入实施交通运输从业人员知识更新工程，确保从业人员跟上新时代发展步伐**。积极推进新理念、新技术、新工艺、新材料、新装备进交通运输职业标准、进职业资格考试大纲、进从业人员继续教育课件，引导从业人员加强学习，提高从业人员把握新发展阶段、贯彻新发展理念、服务新发展格局的专业水平。

**深入实施交通工匠建设工程，为交通运输行业培养更多高素质技术技能人才**。加强交通工匠工作室建设，认真办好全国交通运输行业职业技能竞赛活动，大力弘扬执着专注、精益求精、一丝不苟、追求卓越的工匠精神，大力培养知识型、技能型、创新型交通强国建设者。

（本文发表于 2021 年 12 月 16 日《中国交通报》）

# 充分发挥人才对加快建设交通强国的引领和支撑作用

交通运输部职业资格中心党委书记、主任　申少君

习近平总书记在党的二十大报告中指出,"实施科教兴国战略,强化现代化建设人才支撑",并把"人才是第一资源"写进《党章》。全国组织工作会议系统阐述了习近平总书记关于党的建设的重要思想,并把坚持聚天下英才而用之纳入其中。这充分彰显了人才引领发展的战略地位,是做好交通运输人才工作的根本遵循。我们一定要更好发挥交通运输职业资格制度在科学选拔、评价、配置交通运输人才资源中的重要作用,为加快建设交通强国提供人才支撑。

## 一、准确把握中国式现代化对交通运输人才的新要求

习近平总书记指出,从现在起,中国共产党的中心任务就是团结带领全国各族人民全面建成社会主义现代化强国、实现第二个百年奋斗目标,以中国式现代化全面推进中华民族伟大复兴。交通运输行业担负着加快建设交通强国、当好中国现代化的开路先锋的使命任务。中国式现代化的五个中国特色,对交通运输人才都提出了新的更高要求。

(一)要靠高素质专业化交通运输人才满足巨大规模人口的交通需求。实现我国14亿多人的现代化,要求提供的出行服务和运输服务不仅量大,而且个性化要求越来越高。客运方面个性化、多样化、高品质的需求持续增加,适老化、儿童友好型等出行需求越发显现,

休闲旅游、娱乐看展等出行需求更加多元。货运方面高价值、小批量、时效性强的需求快速攀升。要保障这些出行服务和运输服务的安全、诚信、品质，必须有一支规模宏大、结构合理、素质优良的交通运输人才队伍来保障。

（二）要靠提高交通运输从业人员就业能力从而实现共同富裕。从外部看，交通是经济的脉络，一头连着生产，一头连着消费，是现代流通体系的关键环节和重要组成部分，对促进区域经济协调发展、全体人民共同富裕具有重要作用。从内部看，交通是稳就业、保民生的大行业，有4000余万从业人员，一名从业人员背后就是一个家庭，按一家3口人算，支撑着1亿多人的生计。要实现交通运输从业人员及其家庭的富裕，就要求我们不断提升交通运输从业人员的就业能力，进而提高其职业待遇，保障从业人员靠自己的劳动富起来，也为全体人民共同富裕提供交通服务。

（三）要协调推进交通运输"物"的现代化和"人"的现代化。统筹人和车、船、路、港、航道、站场及环境等交通运输诸要素，交通运输现代化，不仅要实现交通运输基础设施、技术装备等"物"的现代化，也要实现交通运输各级管理者、专业技术人员特别是基层一线技能人员等"人"的现代化。这就要求我们为交通运输从业人员拓宽职业发展通道，增强其职业归属感，提高其职业幸福指数，塑造良好的职业社会形象，进而提高交通运输职业的社会地位，使交通运输行业人人都有通过勤奋劳动实现自身发展的机会。

（四）要靠绿色低碳发展意识强、专业水平高的人才走好人与自然和谐共生之路。交通运输与环境息息相关，要实现人与自然和谐共生，这就要求我们积极推进低碳环保新理念、新技术、新工艺、新材料、新装备进交通运输职业标准、进职业资格考试大纲、进从业人员继续教育课件，提高交通运输从业人员的低碳发展意识和专业本领，促进加快形成绿色低碳交通运输方式，为碳达峰碳中和作出交通贡献。

（五）要加强交通运输人才国际交流推进全球交通合作。交通天下，要求我们积极推动将交通运输人才国际交流、职业资格国际互认纳入双边多边交通合作机制，积极推动交通运输工程师国际互认工作，积极推进与"一带一路"有关国家开展交通运输职业标准和职业资格证书国际互认工作，在交通运输行业加快构建具有吸引力和国际竞争力的人才制度体系，全方位培养、引进、用好人才。

## 二、建设引领和支撑加快建设交通强国的人才队伍

交通强国，要在得人。交通运输人才队伍现代化，既是加快建设交通强国的重要任务，也是加快建设交通强国的有力支撑。要建设一支引领和支撑加快建设交通强国的高素质专业化交通运输管理人才、专业技术人才、技能人才队伍。

（一）建设堪当加快建设交通强国重任的高素质干部队伍。毛主席教导我们："政治路线确定之后，干部就是决定的因素。"打造一支政治过硬、适应新时代要求、具备领导交通运输现代化建设能力的高素质干部队伍，增强干部推动高质量发展本领、服务群众本领、防范化解风险本领和防风险、迎挑战、抗打压能力。引导干部结合工作需要学习，做到干什么学什么、缺什么补什么，强化专业思维、专业精神，学习同做好本职工作相关的新知识新技能，不断完善履职尽责必备的知识体系。

（二）建设堪当加快建设交通强国重任的高素质专业技术人才队伍。聚焦党的二十大明确的努力培养造就更多大师、战略科学家、一流科技领军人才和创新团队、青年科技人才、卓越工程师的目标，落实中央人才工作会议精神，适应新一轮科技革命和产业变革的需

要，密切关注行业前沿知识和技术进步，建设一支熟练掌握自动驾驶、智能道路、智能船舶、智能航运、自动化码头等现代化交通新装备、新工艺、新技术的专业技术人员队伍，特别是要结合交通运输行业实际，建设一支爱党报国、敬业奉献、具有突出技术创新能力、善于解决复杂工程问题的交通运输工程师队伍。

（三）建设堪当加快建设交通强国重任的高素质技能人才队伍。认真落实《中共中央办公厅、国务院办公厅关于加强新时代高技能人才队伍建设的意见》，用好《人力资源社会保障部、交通运输部共同推进交通运输行业技能人才队伍建设工作备忘录》工作机制，对车、船、路、桥、港、站等技能人员密集领域逐一梳理，以关系公共安全、人身健康、人民生命财产安全的关键岗位为重点，抓好培养、使用、评价、激励各环节，培养大批交通运输高技能人才、能工巧匠和大国工匠。

### 三、更好发挥职业资格制度对从业人员职业素质全面提高、交通运输人才队伍科学发展的引领作用

《中共中央、国务院关于加强和改进新时代人才工作的意见》明确"要大力实施职业资格制度"。我们要加快建立健全交通运输职业标准制度、职业资格考试制度、注册管理（登记服务）制度、继续教育制度、从业管理制度、国际互认制度等"六位一体"的职业资格制度体系，更好发挥职业资格制度作用，为加快建设交通强国提供高质量的人才支撑。

（一）加快完善职业标准体系。党的十八大以来，在广泛调查研究的基础上，组织行业专家编制了交通运输主体职业国家标准，会同人力资源社会保障部颁布了20项国家职业技能标准，开展专业技术人员职业标准编制工作，颁布了9项其他职业标准，初步构建了

由国家职业标准、行业职业标准和交通运输部职业资格中心职业标准组成的职业标准体系。不断健全的交通运输职业标准和评价规范,为科学选拔和配置交通运输人力资源、规范从业人员职业行为提供了科学依据。我们要对标加快建设交通强国的要求,加快完善交通运输职业标准体系,发挥职业标准对行业发展要什么、从业人员学什么、职业院校教什么的引领作用。

(二)规范组织职业资格评价工作。以列入国家职业资格清单的交通运输职业资格制度为重点,统筹推进职业资格评价、职业技能等级评价、专业能力评价工作,为加快建设交通强国选拔合格人才。创新适应常态化疫情防控要求的考试组织方式,规范组织全国公路水运工程试验检测专业技术人员、机动车检测维修专业技术人员职业资格考试和轨道列车司机职业技能鉴定,会同有关部门组织道路工程、港口与航道工程注册土木工程师、交通运输工程造价工程师、交通运输工程监理工程师、道路运输注册安全工程师等职业资格考试,指导地方交通运输机构组织出租汽车驾驶员、经营性道路旅客运输驾驶员、道路危险货物运输从业人员从业资格考试。大力举办全国交通运输行业职业技能竞赛活动,不断创新办赛模式,加强竞赛成果转化,分享高素质技术技能人才、能工巧匠和大国工匠的成才经验,传承工匠精神,积极发挥竞赛对交通运输从业人员成才的激励引导作用。

(三)切实把好注册管理(登记服务)关口。对通过考试取得职业资格证书且符合注册(登记)条件的人员进行初始注册(登记)、延续注册(登记)或变更注册(登记),对未完成继续教育或被发现违反职业道德、违法违规等从业要求,不符合注册(登记)条件的人员不予注册(登记)或撤销注册(登记),有效解决持证上岗制度一次考试终身有效知识老化问题,有效解决取得证书不作为和乱作为问题。积极推进与公安部门身份信息、教育部门学历学位信息、人力资源社会保障部门社保信息等信息系统对接,通过数据共享、在线核验等方式,推进减证明、减材料,不断提高注册(登记)工作便利化水平。

(四)大力实施继续教育制度。认真落实党的二十大"推进教育数字化,建设全民终身学习的学习型社会、学习型大国"要求,大力实施网络继续教育,在交通运输行业营造终身学习氛围。不断改进交通运输从业人员继续教育工作,切实提高网络继续教育平台的舒适性、易用性和可靠性。积极推进新理念、新技术、新工艺、新材料、新装备进从业人员继续教育课件,引导从业人员加强学习,提高从业人员把握新发展阶段、贯彻新发展理念、服务新发展格局的专业化水平。适应运输结构调整需要,采取多种措施帮助从业人员提高综合交通业务本领、实现职业知识更新,确保从业人员跟上党中央要求、跟上时代发展步伐、跟上加快建设交通强国需要。

(五)严格从业管理。认真落实加快推进社会信用体系建设,构建以信用为基础的新型监管机制的部署要求,坚持守信激励、失信惩戒并重,把加强交通运输从业人员诚信体系建设的要求贯穿职业资格工作全生命周期,在考试报名中继续推行告知承诺制,将违反考风考纪纳入失信记录,将从业过程中被投诉、被处罚的纳入失信记录,让失信者付出失信记录广泛共享,因而有可能处处从业受限的成本;付出依法依规公示失信信息、接受社会监督、市场监督、舆论监督的成本;让涉及严重违法失信行为的失信者付出被列入"黑名单",承受失信联合惩戒的成本;让涉及极其严重违法失信行为特别是发生重特大交通运输责任事故的失信者付出在一定期限内甚至永远被实施行业禁入、逐出交通运输市场的成本。积极推进交通运输职业心理和胜任力模型研究成果应用,探索开展交通运输关键岗位从业人员适岗状态评价、职业健康评估、执业行为风险评估工作，防范从业人员行为异常导致事故的风险。

（六）积极推进职业资格国际互认。加强与中国国际可持续交通创新和知识中心合作，利用好我国与友好国家的双多边合作机制，举办交通运输职业发展国际研讨会，开展交通运输职业标准编制、职业培训教育、职业资格管理等交流与合作。将交通运输人才交流合作、职业资格互认纳入双多边交通合作机制。积极推进与"一带一路"有关国家交通职业标准和评价规范及职业资格互认工作。

（本文发表于 2023 年第 1 期《交通运输人才研究》）

# 开启发展新十年　开拓发展新境界
## ——写在交通运输部职业资格中心成立十周年之际

交通运输部职业资格中心

十易春秋，风华正茂；十载耕耘，硕果累累。

2015年12月，交通运输部职业资格中心迎来十周年华诞。

这十年，是部职业资格中心白手起家、艰苦创业的十年，是顺应改革、开拓创新的十年，是攻坚克难、跨越发展的十年，是事业奠基、队伍成型的十年。

十年来，在交通运输部党组、部职业资格制度领导小组的领导下，在部人事教育司等司局的具体指导和大力支持下，部职业资格中心牢记职责使命，积极承担部职业资格制度领导小组办公室的日常工作，切实做好交通运输行业职业资格制度建设和实施的技术性、事务性工作，充分发挥职业资格制度在市场经济条件下人力资源开发和对关键岗位从业人员监管的作用，为助推"四个交通"建设、服务"先行官"战略作出了应有贡献。

部职业资格中心的第二个十年，跨越"十三五"和"十四五"，是职业资格事业发展的关键时期，国家职业资格制度改革完成清理整顿进入规范发展阶段，部职业资格中心将迎来新的发展机遇。新的十年，新的征程。部职业资格中心将以交通运输部部长杨传堂"两个引领、两个提高、两个加强"重要指示为方向，立足"两性"（公益性、服务性）、"两型"（学习型、研究型）、"两期"（发展转型期、队伍成长期）特质，以创新、协调、绿色、开放、共享"五大发展理念"为指引,积极推进"五个中心"建设,完善职业资格制度体系,发挥职业资格制度作用,为"四个交通"发展提供高素质的人力资源保障。

## 规划先行　完善制度成体系

学习借鉴国外同行业和国内其他行业的先进经验,结合交通运输行业的特点,在公路水路交通行业职业资格制度建设框架研究和交通行业职业资格建设规划研究的基础上,制定印发了《交通行业职业资格工作中长期规划纲要》和《关于加强交通运输职业资格工作的指导意见》,明确了部职业资格工作的总体框架和发展思路,确保交通运输职业资格工作在科学的轨道上有序推进。

建立健全交通运输职业资格制度体系。坚持"建设有利于发展现代交通运输业、社会公认、业内认可、国际可比、符合公众利益的职业资格制度"的工作目标和"在关系公共安全、人身健康、人民生命财产安全的关键职业建立实施职业资格制度"的工作重点,会同有关单位建立了港口与航道工程注册土木工程师、道路工程注册土木工程师、注册验船师等行政许可类的国家职业资格制度,机动车检测维修专业技术人员、公路水运工程试验检测专业技术人员等水平评价类的国家职业资格制度,经营性道路客货运输驾驶员、出租汽车驾驶员等从业资格制度和交通运输行业特有工种国家职业技能鉴定制度。每一项职业资格制度都包含了职业标准制度、考试制度、注册(登记)管理制度、继续教育制度和从业管理制度,构成了交通运输职业资格制度体系。

建立健全交通运输职业分类体系。承担《国家职业分类大典(交通运输)》修订工作,充分反映交通运输职业的新特点、新发展、新需求,形成了覆盖铁路、公路、水路、民航、邮政的综合运输职业分类体系。新修订的 2015 版《国家职业分类大典》共分

1481个职业,纳入其中的交通运输职业共104个,包括铁路25个职业、公路19个职业、水路22个职业、民航17个职业、邮政11个职业以及多种运输方式相关的10个职业。总体上看,修订之后,分类更加科学规范、结构更加清晰严谨、内容更加准确完整,充分体现了交通运输行业的职业构成、内涵、特点和发展规律。

建立健全交通运输职业标准体系。在广泛调查研究的基础上,组织行业专家编制了交通运输主体职业国家标准,公路收费及监控员、汽车客运服务员等11个国家职业标准,已由交通运输部会同人力资源社会保障部颁布。潜水员、船舶机舱设备操作工、船舶甲板设备操作工等一批国家职业标准已经通过专家评审,即将颁布。积极推动将职业标准纳入交通运输服务标准体系和交通运输从业人员信用体系。

### 公益为重 举办竞赛亮品牌

职业技能竞赛活动是职业资格工作的重要内容之一,2007年以来,代部制定印发了《交通行业职业技能竞赛管理办法》,牵头会同有关单位承办了交通运输部、人力资源社会保障部、中国海员建设工会全国委员会、共青团中央等部门举办的七届全国交通运输行业职业技能竞赛活动。

重策划,全力确保高质量。一是抓好选项策划,确保服务大局。着眼提升基础设施现代化水平,策划了筑养路机械操作等竞赛项目;着眼实施海运和内河水运发展国家战略,策划了电动装卸机械司机、叉车司机等竞赛项目;着眼汽车维修业转型升级,策划了机动车检测维修等竞赛项目;着眼绿色低碳循环发展,策划了节能驾驶、水性漆车身涂装等竞赛项目。二是抓好技术策划,确保赛事品质。精心设计竞赛技术方案,做到科学性和观赏性相统一。三是抓好程序规范,确保竞赛公正。严格执行裁判长责任制、现场独立评分制、本籍裁判回避制，强化竞赛期间对选手、试题、场所的"三封闭"措施。

抓联动，着力拓宽影响面。一是行业竞赛与社会资源相联动。以争取联办的方式，充分发挥人力资源、工会、共青团等部门的支持作用；以寻求合作的方式，竞标征集冠名、赞助和支持单位等，吸引社会力量出资出力；以承办共享的方式，充分调动重点企业、科研院校、行业协会参与竞赛的积极性。二是技能竞赛与技术推广相联动。借助竞赛平台带动新技术、新工艺的推广应用。在电动装卸机械司机竞赛中，邀请"金牌工人"许振超担任裁判长，给予现场指导；在节能驾驶技能竞赛后，总结优胜选手经验编印《节油操作法》。三是技能竞赛与典型宣传相联动。借助广播、电视、报纸、网络等多种媒体，跟踪宣传技术能手的成长经历、成才心得，大力宣传高技能人才建功立业、实现自我的社会价值，在全行业进一步形成尊重劳动、崇尚技能的浓厚氛围。

出政策，不断激发原动力。推动有关部门出台了一系列激励政策，切实加大奖励力度，奖荣誉称号、奖职业资格晋升、奖上镜机会，努力把竞赛办成技能人才成长的大舞台、助推器。七届竞赛活动中，累计有 11 名来自行业基层一线的优胜选手已经或将被报请全国总工会授予"全国五一劳动奖章"，31 人已经或将被报请人力资源社会保障部授予"全国技术能手"，6 人将被报请共青团中央授予"全国青年岗位能手"，590 人已经或将被授予"全国交通技术能手"荣誉称号。2015 年还会同中央电视台拍摄了大型职业技能竞技节目《中国大能手——金刚机械王》，搭建了从"技能达人"通向"技能明星"的展示平台。

## 公平规范　从严治考选人才

推进交通运输职业资格考试工作规范化，逐步建立以权利公平、机会公平、规则公平为主要内容的交通运输职业资格考试公平保障体系。组织了港口与航道工程注册土木工程师等专业技术人员职业资格和经营性道路客货运输驾驶员等从业资格考试,开展了交通运输行业特有工种职业技能鉴定和高级技师(技师)综合评审工作,十年来累计有2000余万名从业人员取得相应职业资格证书。

推进考试组织管理规范化。在工程建设领域,制定了公路工程造价人员考试工作规程、公路水运工程试验检测专业技术人员职业资格考试工作规程。在运输服务领域,印发了《道路运输从业资格考试考核员管理办法》、《道路运输从业资格考试考点管理办法》等考务管理制度,初步形成了道路运输从业资格考务管理制度体系。

推进考试科学化。开发了道路运输从业资格考试系统,实现了从传统的纸笔考试向计算机考试的转变,大大减少了工作成本,提高了工作效率,保障了从业资格考试的规范性,从技术手段上使道路运输从业资格考试更加公平、公正。开发了道路客货运输驾驶员应用能力虚拟场景考试系统,用三维动画技术和虚拟场景技术模拟实际行车状态,从车辆、道路、环境、其他交通参与者等方面设置危险源辨识与防御性驾驶考核点、节能驾驶考核点,在不进行实车操作的前提下能够比较客观地评判考生的安全操作技能和节能驾驶技能。

推进考试收费标准化。严格执行国家发展和改革委员会、财政部有关职业资格考试收费项目和收费标准审批的规定,切实加强职业资格考试收费项目审批管理,从严控制收费标准;深入贯彻落实国家职业资格改革与清理规范要求,积极协调人力资源社会保障部、财政部、国家发展和改革委等部门建立交通运输行业职业资格考试收费项目清单,科学测算考试收费标准,着力一揽子解决职业资格考试收费依据问题;认真落实"收支两条线"管理规定,及时足额将考试考务费汇缴中央财政汇缴专户，严格考务费支出管理，确保资金使用效益。

**创新服务　以人为本记心间**

牢固树立以人为本的行业发展理念，注重用户体验，充分考虑从业人员的经济承受能力和心理承受能力。将互联网思维和移动互联网技术应用于职业资格工作中，为从业人员提供更科学、更便捷、更经济的职业资格服务，让从业人员体验到更多获得感和更大舒适性。

从业人员继续教育指间完成。开发了道路运输驾驶员、公路工程造价人员和公路水运工程试验检测人员继续教育平台和移动客户端，18万余名从业人员享受了由行业一流专家授课的继续教育服务，促进了从业人员职业意识的强化、道德水平的提高和业务知识的更新。

从业人员职业行为动态监管。开展了公路水运工程造价工程师注册工作，通过初始注册的公路工程造价工程师达到5793名、水运工程造价工程师达到5175名。建立了从业人员电子档案，实现了扫描二维码标签读取电子档案，为公路水运建设行业从业人员信用体系建设提供了科学的从业人员信息查询服务。

从业人员职业调查有序进行。对道路旅客运输、道路货物运输、道路危险货物运输、出租汽车、城市公交、城市轨道交通等6个领域，500余家省市运输管理机构、2000余家运输企业、4.2万名从业人员开展了问卷调查，会同有关专家对4.4万份问卷进行了整理和科学分析，摸清了道路运输重点岗位从业人员职业状况，针对突出矛盾和问题提出了相应的意见和建议。同时，针对公路工程造价工程师、公路养护工程师、机动车驾驶培训教练员等重点职业开展了职业研究，初步构建了基准胜任力模型。

交通运输职业数据库雏形搭建完成。借鉴美国职业数据库和职业信息网建设经验，建立了交通运输职业数据工作平台，建立了交通运输职业信息采集系统，搭建了交通运输职业数据库雏形。在公路水运交通运输行业的主体职业，建立了若干交通运输职业联系点，将职业联系点建设成为交通运输职业信息采集点、职业调查联系点、职业资格考试试验点。

## 严管厚爱　自身建设有特色

十年来，部职业资格中心在自身建设上，牢固树立大局意识、法治意识、安全意识、服务意识、质量意识、效率意识，坚持"带队伍、干事业"、"打基础、树形象"、"求生存、谋发展"、"干对干好不添乱"等基本理念，先后获得全国创先争优先进基层党组织、中央国家机关文明单位、中央国家机关"创建文明机关，争做人民满意公务员"活动先进集体、中央国家机关基层组织建设年征文活动优秀党支部、交通运输部直属机关先进基层党组织等一系列荣誉称号。

以学立身，提高履职本领。按照冯正霖副部长"懂人、懂事、懂行业"的要求，坚持每周一次业务交流、每两周一次"党史之窗"讲解、每月一次"廉政课堂"教育、每季度一次学习效果测试，有效组织干部职工学政治理论、学党纪国法、学交通运输政策、学职业资格业务、学公文写作，促进了干部职工的知识结构和能力结构不断完善，政治素质和业务能力不断提高。

铸魂强身，锤炼过硬作风。聚焦干部思想教育、作风建设，开展党的组织生活和工会的文化活动，让守纪律、懂规矩转化为党员干部的思想自觉和行动自觉，让爱岗敬业、敢于担当成为干部职工的工作习惯和思维习惯。按照个人自评、党支部点评、党委评议的程序，坚持开展党员承诺、践诺、评诺活动。

立制护身，规范内部管理。坚持以健全的机制监督人、以严格的机制管理人、以科学的机制选用人、以严厉的法治规范人。制定了党委和行政工作规则、"三重一大"决策制度，完善内部管理体制机制，建立人防、技防有机结合的管理系统，使各项工作都有制度遵循。正在建立追责问责机制和绩效考评机制，既避免乱作为，又避免不作为，强化考评结果在绩效工资、评先评优等方面的运用。

（本文发表于 2015 年 12 月 18 日《中国交通报》）

# 交通强国关键在人　职业资格任重道远
## ——学习贯彻习近平总书记关于职业资格和人才工作的重要论述

交通运输部职业资格中心

党的十一届三中全会胜利召开，拉开了改革开放的大幕。40 年波澜壮阔的改革开放进程中，职业资格工作占据重要位置，有两次三中全会对职业资格工作做出战略谋划和顶层设计。1993 年 11 月 14 日党的十四届三中全会通过的《中共中央关于建立社会主义经济体制若干问题的决定》，明确提出"要制定各种职业的资格标准和录用标准，实行学历文凭和职业资格两种证书制度"，把建立职业资格制度提上重要议事日程。2013 年 11 月 12 日党的十八届三中全会通过的《中共中央关于全面深化改革若干重大问题的决定》，强调要"严格新闻工作者职业资格制度"，对推进职业资格制度改革创新规范发展作出重大部署。2015 年 6 月，习近平总书记主持召开中央全面深化改革领导小组第十三次会议，审议通过了《关于完善国家统一法律职业资格制度的意见》，提出了完善国家统一法律职业资格制度的目标任务和重要举措，为新形势下深化职业资格工作提供了榜样和示范。

交通运输是改革开放率先起步、成效最明显的行业之一。40 年来，交通运输职业资格工作在改革中奋起，在创新中发展，取得长足进步，为交通建设发展造就大量专业技术人才和高技能人才，也赢得了全国职业资格行业中的领先地位。学习贯彻习近平总书记关于职业资格和人才工作的重要论述，特别是结合两个三中全会的《决定》对职业资格工作的战略谋划来思考，我们最深切的体会是：职业资格制度是改革开放的重要成果，是社会主义市场经济条件下育才、识才、聚才、用才的重要制度设计，是人力资源高效开发和科学配置的重要机制，也是全面深化改革，继续完善提高的重要领域；交通强国建设成败关键在人，职业资格工作事关行业兴旺发达，只能加强不能削弱；交通运输职业资格事业在改革开放中起步发展，依靠改革开放提升壮大，必然要依靠深化改革开放推动转型升级走向辉煌。

交通强国建设的号角已经吹响。我们要认真学习贯彻习近平新时代中国特色社会主义思想和党的十九大精神，牢记服务交通强国建设历史使命，高高扛起育才识才聚才用才的重任，继续深化改革，提高对外合作水平，谱写新时代职业资格工作的辉煌篇章。

## 奋勇前行　走向领先

我国职业资格制度，是针对从业人员由计划经济条件下的"单位人"到市场经济条件下的"社会人"转变的新情况，学习借鉴市场经济发达国家对从业人员治理的经验和通行做法，在我国计划经济条件下的专业技术人员职称评审制度和工人技术等级考评制度的基础上改革发展起来的。交通运输职业资格工作比全国起步晚10年，但经过15年拼搏努力后来居上，在全国职业资格领域中稳居领先地位。总体上看，分为5个阶段：

### （一）前期准备（2002年—2003年）

1.2002年交通干部人事工作会议和黄镇东部长讲话。2002年6月，黄镇东部长在广州召开的交通部干部人事工作会议上第一次提出了建立职业资格制度任务。黄部长在报告中指出："要适应加入

WTO的要求，积极会同国家有关部门在交通行业中责任重大、专业性强、关系社会公共利益和人民生命财产安全的专业技术岗位，建立职业资格制度。要抓紧研究制定交通行业职业资格制度总体框架和实施规划，结合交通行业的实际情况，分步实施。"

2. 2002年，部人事劳动司委托部规划研究院成立了课题组，开展交通行业职业资格制度主体框架研究。

3. 2003年全国交通厅局长会议和张春贤部长讲话。2003年2月，张春贤部长在全国交通厅局长会议上提出"到2010年，建立重要专业岗位的职业资格认证制度，人员持证上岗率达到100%。到2020年，交通专业技术人才队伍整体水平接近或达到发达国家21世纪初的水平。加强对航运企业的资质审查，加强对验船机构的资质认证和验船人员的资格审查，逐步实现持证上岗。"

（二）正式启动（2003年—2007年）

1. 2003年9月成立了交通部职业资格制度领导小组及办公室，胡希捷副部长任组长（2004年10月以后由冯正霖副部长任组长，2016年8月以后由刘小明副部长任组长），部总工和人事劳动司何捷司长任副组长，部有关司局的主要领导任成员，人事劳动司副司长陈瑞生兼任领导小组办公室主任。

2. 2005年9月，经中编办批准，部成立了交通专业人员资格评价中心，加挂交通部职业技能鉴定指导中心牌子（2011年4月，更名为交通运输部职业资格中心，加挂交通运输部职业技能鉴定指导中心牌子）。

（三）全面展开（2007年—2012年）

1. 2007年7月19日至20日，部在哈尔滨召开全国交通行业职业资格工作会议。这次会议是自2003年我部启动职业资格工作以来，首次召开的全行业职业资格工作会议。李盛霖部长出席会议并讲话、分管部领导冯正霖副部长作了工作报告，深刻阐述了加快建立和实施交通行业职业资格制度的重要性和紧迫性，部署了今后5年的工作。

2. 2008年3月22日，部印发《交通行业职业资格工作中长期规划纲要》（交评价发〔2008〕136号），明确了交通行业职业资格工作的指导思想、基本原则、目标任务和保障措施。

3. 2009年7月13日，部印发《关于加强交通运输职业资格工作的指导意见》（交评价发〔2009〕365号），从提高思想认识、健全制度体系、严格从业管理、推进制度衔接、选拔技能人才、做好基础工作、加强组织领导等7个方面，系统提出了更加科学、更加规范地推进交通运输职业资格工作的政策措施。

4. 2009年8月18日至19日，部在呼和浩特召开全国道路运输职业资格工作座谈会。冯正霖副部长出席座谈会并讲话。

5. 2010年4月23日，部印发《关于加强道路运输职业资格工作的意见》（交评价发〔2010〕206号），明确了道路运输职业资格工作的指导思想、基本原则、主要目标、制度体系、工作重点和保障措施。

### （四）全面推进（2012年—2017年）

1. 2012年9月18日至19日，部在重庆召开全国交通运输行业职业资格工作会议。冯正霖副部长出席会议并讲话，强调要充分发挥职业资格制度在加强和创新社会管理中的支撑保障作用、在推动交通运输安全发展中的准入把关作用、在强化市场监管中的规范秩序作用和在提高从业人员素质中的激励引导作用。

2. 2012年9月27日，杨传堂书记到部职业资格中心调研，作出了"两个引领、两个提高、两个加强"的重要指示。一要引领从业人员职业素质全面提高。二要引领交通运输人才队伍科学发展。三要提高管理水平，拓宽服务领域，建立健全职业资格制度。四要提高部门、行业间合作和国际合作水平。五要加强调查研究，不断创新职业资格工作。六要加强自身队伍建设。

3. 2016年9月22日，李小鹏部长到部职业资格中心调研，作出了"两个突出"的重要指示。他强调，深化行政审批制度改革是转变政府职能的重要抓手和突破口，下一步，要坚持问题导向，蹄疾步稳、深化改革，突出提高交通运输从业人员安全素质和服务能力，更好满足交通运输持续健康发展需要。

（五）改革创新规范发展（2017年至今）

1. 2017年3月，杨传堂书记作出重要批示，"做好新形势下的职业资格工作，要寓管理于服务之中，服务好也是管理。要继续探索，走出一条与交通运输相适应的路子。"

2. 2017年9月13日至15日，部在北京举办全国交通运输行业职业资格制度改革培训班，刘小明副部长出席培训班并以"改革创新、规范发展，为交通运输行业健康可持续发展提供高素质的人力资源保障"为主题做了讲话，进一步明确了新形势下职业资格工作思路和改革举措。

## 制度体制逐步完善　服务保障作用凸显

经过15年的发展，交通运输行业职业资格工作进入了改革创新规范发展阶段，行业影响力和关注度日益提高，对行业管理和科学发展安全发展的促进作用逐步显现，已经成为保运输安全、保工程质量、保公共服务的有力抓手，成为提高从业人员职业素质、规范从业人员职业行为、促进从业人员职业发展的有效途径，成为市场配置人力资源和政府监管关键岗位从业人员的有效机制。

（一）初步建立了适应行业发展需要的交通运输职业资格制度体系。坚持"建设有利于发展现代交通运输业、社会公认、业内认可、国际可比、符合公众利益的职业资格制度"的工作目标和"在关系公共安全、人身健康、人民生命财产安全的关键职业建立实施职业资格制度"的工作重点，会同有关单位初步建立了交通运输行业职业资格制度体系。列入《国家职业资格目录》的139项职业资格，按专业类别分解为231项，其中交通运输共有17项。专业技术人员职业资格9项，分别是：监理工程师（交通运输工程）、造价工程师（交通运输工程）、注册土木工程师（港口与航道工程）、注册土木工程师（道路工程）、船员资格、注册验船师、注册安全工程师（道路运输安全）、机动车检测维修专业技术人员、公路水运工程试验检测专业技术人员职业资格；技能人员职业资格8项，分别是：轨道列车司机、起重装卸机械操作工、筑路工、桥隧工、汽车维修工、机动车检测工、工程测量员、机动车驾驶教练员。同时，根据行业管理需要，还建立实施了经营性道路客货运输驾驶员、出租汽车驾驶员、道路危险货物运输从业人员、危险货物水路运输从业人员等4项从业资格制度。

（二）建立了科学完整的交通运输职业分类体系。修订后的《国家职业分类大典（2015）》，充分反映交通运输职业的新特点、新发展、新需求，形成了覆盖铁路、公路、水路、民航、邮政的综合运输职业分类体系。《国家职业分类大典（2015）》共分1481个职业，其中交通运输职业104个，包括铁路25个职业、公路19个职业、水路22个职业、民航17个职业、邮政11个职业以及多种运输方式相关的10个职业。总体上看，修订之后，分类更加科学规范、结构更加清晰严谨、内容更加准确完整，充分体现了交通运输行业的职业构成、内涵、特点和发展规律。

（三）建立了符合生产建设实际的交通运输职业标准体系。在广泛调查研究的基础上，组织行业专家编制了交通运输主体职业国家标准，公路收费及监控员、汽车客运服务员等11个国家职业标准，已由交通运输部会同人力资源社会保障部颁布。组织制定了船舶引航员、水上救助打捞技术人员等6个专业技术人员职业标准，机动车驾驶教练员、汽车维修工等17个技能人员职业标准。积极推动将职业标准纳入交通运输服务标准体系和交通运输从业人员信用体系。

（四）开展了规模大、水平高、影响好的行业职业技能竞赛活动。建立了交通运输行业职业技能竞赛制度。会同人力资源社会保障部、全国总工会、团中央等部门举办了10届全国交通运输行业职业技能竞赛活动，一大批高技能人才脱颖而出，12名优胜选手荣获全国总工会授予的"全国五一劳动奖章"，41人获得了人力资源社会保障部授予的"全国技术能手"称号，16人获得了团中央授予的"全国青年岗位能手"称号，627人获得了交通运输部授予的"全国交通技术能手"称号。第十届竞赛活动优胜选手中，还将有20人获得"全国技术能手"称号，100人获得"全国交通技术能手"称号。

（五）建立了规范高效的交通运输专业技术人才和技能型人才的考试评价体系。组织了全国港口与航道工程注册土木工程师、机动车检测维修专业技术人员、公路水运工程试验检测专业技术人员、公路工程造价工程师等专业技术人员职业资格考试，指导全国交通运输主管部门组织了经营性道路客货运输驾驶员、危险货物运输从业人员、出租汽车驾驶员等从业人员从业资格考试；组织了交通运输行业职业技能鉴定和高级技师综合评审工作；实现了职业资格考试网上报名、成绩和证书网上查询。近年来，每年约有170万余人参加考试（鉴定），其中120万余人取得相应的职业资格证书。

（六）开展了贴近从业人员需求的继续教育工作。开发了道路运输驾驶员、公路水运工程造价人员和公路水运工程试验检测人员继续教育平台和移动客户端，促进了从业人员职业意识的强化、道德水平的提高和业务知识的更新。

（七）率先启动了公路水运工程造价工程师注册工作。建立了从业人员电子档案，实现了扫描二维码标签读取电子档案，为公路水运建设行业从业人员信用体系建设提供了科学的信息查询服务。

（八）扎实推进职业资格基础工作。在公路水运交通运输行业的主体职业，建立了15个交通运输职业联系点，将职业联系点建设成为交通运输职业信息采集点、职业调查联系点、职业资格考试试验点。开展了职业研究工作，在船舶引航员、公路水运工程试验检测师等职业，发布了《交通运输职业系列丛书》、《中国交通运输从业人员发展报告》，召开了职业发展研讨会。构建了汽车维修工、公路养护工等7个基准胜任力模型。开展了道路运输6类重点岗位从业人员和危险货物水路运输从业人员职业状况调查。建立了交通运输职业数据工作平台，建立了交通运输职业信息采集系统，初步建立了交通运输职业信息网。

## 部省联动全国一盘棋　求真务实亮点纷呈

2005年9月7日交通部印发《关于构建交通行业职业资格管理网络的通知》（交人劳发〔2005〕408号）以来，各省（区、市）交通运输主管部门都成立了职业资格制度领导小组及办公室，基本形成了人事部门牵头、业务部门参与、专业局或职业资格工作专门机构承办，各司其职的省级交通运输行业职业资格工作格局。

天津、内蒙古、上海、福建、江西、湖北、重庆、四川、云南、陕西、新疆等11个省（区、市）交通运输主管部门成立了职业资格工作专门机构。这些专门机构中，有新成立的，如内蒙古自治区交通运输厅职业资格中心，但更多的是整合原有机构或赋予原有机构更多职能转化而来。有的在专业局的专项职业资格工作职能基础上充实转化而来,如天津市交通运输委员会职业资格管理中心依托运管局承担的道路运输从业资格考试职能发展起来,云南省交通运输职业资格管理中心在厅工程造价管理局的基础上加挂牌子;有的在职业技能鉴定站或工考办的基础上发展而来,如陕西省交通职业能力建设中心、新疆交通专业人员职业资格评价中心;有的与干部学校合署办公,如上海市交通委员会交通考试中心、重庆市交通行业职业技能鉴定指导中心;有的在世行办或外事外经办的基础上加挂牌子,如江西省交通运输专业人员资格评价中心、湖北省交通运输厅职业资格中心;有的在人才交流中心的基础上发展而来,如福建省交通运输人才职业服务中心、四川省交通运输职业资格中心。

天津:让信息多跑路考生少跑腿

天津市交通运输委员会职业资格管理中心建设考生身份识别系统、考场视频监控系统、网上缴费系统、考务管理系统,使考试流程更科学、考试管理更严格、考试手段更先进。一是加强人脸识别系统建设,杜绝了替考舞弊等行为的发生。二是加强考试实时高清监控系统建设,实现对考试的全方位、全天候、无死角实时监控。三是加强网上缴费系统建设,让考生足不出户就可完成考试报名、缴费。四是升级道路运输从业资格考务管理系统,提高考试服务水平。

内蒙古:积极争取人社部门的支持

内蒙古自治区交通运输厅职业资格中心积极协调自治区人社厅,将交通运输行业职业技能鉴定纳入自治区职业技能鉴定总体格局。参加交通运输行业职业技能鉴定取得职业资格证书的,与参加自治区人社系统职业技能鉴定的同样享受技能提升补贴、同样兑现工资待遇。

*上海：推出"快递寄证"和"网上预约"服务*

上海市交通委员会交通考试中心一是形成了覆盖全市的"2+5+N"考场分布格局（2个主考场、5个分考场、N个移动考场）。二是推进人员证件类行政审批事项"只见一次面"改革，推出"快递寄证"和"网上预约"服务。考生在报名时可自选"快递寄证"，通过考试后职业资格证书将会快递到家，考生可在"上海交通微培训"微信公众号"网上预约"模块预约培训时间、考试时间。三是加强信息技术在考试报名受理环节中的应用，使用PDA身份证识别仪识别身份，并对准考证进行防伪技术处理。四是建立培训报名、资格考试、证件管理、档案管理、继续教育等系统的信息共享机制，确保每一工作流程都留痕迹、可追溯、可倒查。

*福建：在转企改制中抓住发展机遇*

福建省交通运输人才职业服务中心正在开展转企改制。省交通运输厅印发《关于认真落实交通运输行业职业（从业）资格工作任务的通知》，明确厅机关相关业务处室和厅直相关专业局为职业资格工作主体单位，这些单位通过政府采购或直接委托的方式确定承办单位。目前，安全生产标准化管理维护单位、公路水运施工企业安全生产管理人员考核、港口危货储存单位主要安全管理人员和危险化学品港口装卸管理人员考核等工作由福建省交通运输人才职业服务中心承担。

*江西：在每一件小事中赢得信任和支持*

江西省交通运输专业人员资格评价中心2016年承接危险货物水路运输从业人员从业资格考试，2017年承接公路水运工程试验检测专业技术人员职业资格考试，2018年承接职业技能鉴定和职业技能竞赛组织管理的职能。"从小事做起"，让厅机关相关业务处室和厅直相关专业局认识到江西省交通运输专业人员资格评价中心是一支有能力、能成事、可信任的队伍。

*湖北：送考上门节约考生成本*

湖北省交通运输厅职业资格中心为方便交通运输职业院校的师生参加机动车检测维修专业技术人员职业水平考试，在湖北交通职业技术学院、三峡电力职业学院、襄阳汽车职业技术学院、黄冈职业技术学院等 4 所开设汽车专业的职业院校设立考点，将考试送到考生门口，节约了考生的时间成本、经济成本。

*重庆：优化职业资格工作顶层设计*

重庆市交通局出台了《关于全面加强交通运输职业资格工作的意见》（渝交委人〔2017〕96 号），召开了全市交通运输职业资格制度改革培训会，优化职业资格工作顶层设计。2018 年市交通局用于职业资格工作经费近 600 万元。重庆市交通行业职业技能鉴定指导中心调整内设机构，充实工作队伍，设考核认证部、题库管理部、业务指导部等 3 个部门，分别负责职业资格考试、职业技能鉴定工作，题库建设、管理、安全运行以及证书、业务档案管理工作，对外沟通协调和咨询服务工作。

*四川：创新用人制度建设干事创业队伍*

四川省交通运输职业资格中心积极争取省交通运输厅对中心队伍建设的重视和支持，外聘了 10 名工作人员，形成了一支由在编人员、外聘人员、借用人员组成的工作队伍。2018 年，完成 1.1 万余人的职业资格考试（职业技能鉴定）考务组织工作，开展了公路工程造价人员职业资格注册受理、轨道列车司机考评员培训等工作。

*云南：对造价从业人员实行分类注册管理*

云南省交通运输厅出台了《云南省公路工程造价从业人员管理

办法》，明确对公路工程造价从业人员实行分类注册管理。云南省交通运输职业资格管理中心一是开展持证人员信息变更工作，建立云南省公路工程造价从业人员信息数据库；二是扎实开展公路工程造价人员初始注册、延续注册审核工作。

*陕西：抓住改革契机充实职责职能*

经陕西省编办批复，将陕西省交通职工培训中心和陕西省交通行业职业技能鉴定站整合为陕西省交通职业能力建设中心，加挂陕西省交通职工培训中心牌子。通过改革，充实了工作职责，赋予了全省交通运输行业职业能力建设、行业教育培训等新的职责；增加了人员编制，从5名增加到15名，为发展壮大提供了组织保障。

*新疆：从鉴定机构向职业资格机构转型*

新疆维吾尔自治区交通专业人员职业资格评价中心在原自治区交通厅工考办的基础上发展而来，原来只负责职业技能鉴定的前身工人技术等级考核工作，2018年首次承担交通运输行业专业技术人员职业资格考试工作，承办了新疆考区的公路水运工程试验检测专业技术人员职业资格考试。

**交通强国建设对职业资格工作的新要求**

建设交通强国，就是要建成车船路港等硬件现代化、战略规划政策标准等治理现代化、国际参与度话语权影响力等开放发展现代化的交通强国。这些都对职业资格工作和国际交流合作工作提出了新的更高要求。

（一）硬件现代化要求培育一大批合格的交通强国建设者。习近平总书记讲"发展是第一要务，人才是第一资源，创新是第一动力。"无论是构建综合交通基础设施网络体系，还是构建交通运输装备体系，都要靠人，都要靠高素质人才队伍。职业资格制度是市场经济条件下科学评价、选拔、配置人才的一项重要制度设计，对于全面开发利用和合理高效配置人力资源具有重要作用。我们将自觉对标培育一大批合格的交通强国建设者的要求，建设好、管理好、运用好职业资格制度，全面提高交通运输专业技术人员和技能人员的职业意识、职业本领和职业操守。

(二) 治理现代化要求加快建立以信用为核心的新型市场监管机制。推进国家治理体系和治理能力现代化，要求处理好政府和市场的关系，使市场在资源配置中起决定性作用和更好发挥政府作用。职业资格制度是市场经济条件下人力资源开发的重要制度，也是政府对关键岗位从业人员监管的重要制度，其中的职业标准、职业信用都是政府加强事中事后监管的有效抓手。我们将立足创新对交通运输从业人员的管理和服务，推进从业人员信用与从业单位信用数据交换和信息共享，促进以信用为核心的新型市场监管机制建设。

(三) 开放发展现代化要求扩大人才对外开放度。当今世界，经济全球化、社会信息化、文化多样化深入发展，各国相互联系和依存日益加深，经济市场、劳务市场不断开放，要推动陆上、海上、天上、网上基础设施的"硬件"联通，也要促进人才、政策、规则、标准等"软件"联通。职业资格是市场经济国家普遍采用的人才评价方式，是国际通行做法。我们将在人才的评价标准、评价内容、评价体系上探索实施更多与国际接轨的政策举措，加快人才国际化进程，增强在全球开发和配置人才智力资源的能力，在国际人才竞争中赢得战略主动。

## 新时代交通运输行业职业资格工作总体思路

2015年6月习近平总书记主持会议审议《关于完善国家统一法律职业资格制度的意见》时指出，完善国家统一法律职业资格制度，目的是建设一支忠于党、忠于国家、忠于人民、忠于法律的高素质社会主义法治工作队伍，为全面依法治国提供人才保障。要按照法治队伍建设正规化、专业化、职业化标准，建立统一职前培训制度，加强对法律职业人员的管理，把好法律职业的入口关、考试关、培训关，提高法律职业人才选拔的科学性和公信力。2018年10月29日，习近平总书记在同中华全国总工会新一届领导班子成员集体谈话时强调，要引导职工以"当好主人翁、建功新时代"为主题，深入开展各类竞赛活动，并指出大国工匠是职工队伍中的高技能人才。

习近平总书记的这些重要讲话，是习近平新时代中国特色社会主义思想的重要组成部分，是新时代加强交通运输人才队伍建设的根本遵循，也是做好新时代交通运输行业职业资格工作的根本遵循。我们要立足职业资格工作的职能定位，围绕培育选拔合格的交通强国建设者，加快建设一支拥有现代科技知识、精湛技艺技能和较强创新能力的高素质专业化人才队伍，为广大交通运输从业人员提供成长、成才、实现价值的发展空间。

当前和今后一个时期交通运输行业职业资格工作的指导思想是：认真学习贯彻习近平新时代中国特色社会主义思想和党的十九大精神，完善并落实好《交通行业职业资格工作中长期规划纲要》和《关于加强交通运输职业资格工作的指导意见》，继续深化改革开放，健全和实施职业资格制度体系，更好发挥职业资格制度作用，为交通强国建设提供人才支撑。具体来说，做到"四个坚持"。

在制度属性上，必须坚持职业资格制度是社会主义市场经济体制的重要组成部分，并将随着社会主义市场经济体制改革深化不断发展完善，咬定目标，坚定信心，保持定力。

在制度功能上，必须坚持从人这一核心要素入手，不断提高从业人员职业素质、规范从业人员职业行为、促进从业人员职业发展，促进交通运输科学发展、安全发展，推进交通运输治理体系和治理能力现代化。

在制度体系上，必须坚持职业标准制度、职业资格考试制度、注册管理制度、继续教育制度、从业管理制度、国际互认制度等"六位一体"，构建要素齐全、功能完善、作用明显的交通运输行业职业资格制度体系。

在制度实施上，必须坚持部职业资格制度领导小组统一领导、办公室归口管理、有关单位分工协作，全国一盘棋上下联动，发挥交通运输行业职业资格工作管理体制和运行机制新优势。

**新时代交通运输行业职业资格工作总体目标**

对标交通强国建设的光荣使命，我们要把加快构建要素齐全、功能完善、作用明显的职业资格制度体系，为现代交通强国建设提供人才支撑，作为新时代交通运输行业职业资格工作的奋斗目标。

要素齐全。构建职业标准制度、职业资格考试制度、注册管理制度、继续教育制度、从业管理制度、国际互认制度等"六位一体"的职业资格制度体系。这六个要素互为补充、相辅相成，缺一不可。

功能完善。职业标准制度主要解决评价规范问题，职业资格考试制度主要解决职业门槛问题，注册管理制度主要解决一考定终身问题，继续教育制度主要解决知识更新问题，从业管理制度主要解决职业行为规范问题，国际互认制度主要解决国际交流问题。充分发挥职业资格制度提高从业人员职业素质、规范从业人员职业行为、促进从业人员职业发展的功能，使职业资格证书真正成为从业人员职业能力的证明、市场配置人力资源的载体和政府监管关键岗位从业人员的有效手段。通过对职业资格的管理来强化对从业人员的管理，通过对从业人员的管理来强化对所管理对象的管理，从而促进交通运输治理体系和治理能力现代化。

作用明显。让社会、行业、从业人员看得到、摸得着、感受得到职业资格制度的作用。就社会而言，其作用就是带动形成崇尚技术技能、钻研技术技能的价值导向；就行业而言，其作用就是保运输安全、保工程质量、保公共服务；就从业人员而言，其作用就是拓宽职业通道、提升职业地位、增强职业归属感、提高职业幸福指数，实现从业人员职业上的全面发展。

改革开放天地宽，扬帆远航正当时。让我们更加紧密地团结在以习近平同志为核心的党中央周围，不忘初心、牢记使命、锐意进取、担当奉献，开创交通运输行业职业资格工作新局面！

（本文发表于 2018 年 12 月 13 日《中国交通报》）

# 近年我国考试泄密事件及启示

交通专业人员资格评价中心考务管理处

近年来，我国考试泄密事件频发，从教育部门主管的国家教育考试到各行业部委主管的国家职业资格考试或行业资格考试，考试泄密呈愈演愈烈之势。我们对部分事件进行了整理和简要分析，以期为做好交通行业职业资格考试工作提供参考。

## 一、国家关于考试泄密的法律法规及有关规定

（一）《中华人民共和国刑法》第398条规定："国家机关工作人员违反保守国家秘密法的规定，故意或者过失泄露国家秘密，情节严重的，处三年以下有期徒刑或者拘役；情节特别严重的，处三年以上七年以下有期徒刑。非国家机关工作人员犯前款罪的，依照前款的规定酌情处罚。"

（二）《中华人民共和国保守国家秘密法》第32条规定："违反本法规定，泄露国家秘密，不够刑事处罚的，可以酌情给予行政处分"。具体情况在《中华人民共和国保守国家秘密法实施办法》中做了详细规定。

（三）2002年中央保密委员会和国家保密局《关于进一步加强国家统一考试保密管理工作的通知》规定，"由国家主管部门组织的国家教育、执（职）业资格、国家公务员录用和专业技术人员资格等国家统一考试的试题、答案和评分标准，在启用前均属于国家秘密"。该文件还对国家统一考试的命题，试卷印刷、运输、存储，

考务等环节的保密工作提出了具体要求。

## 二、近年来考试泄密案简介

### （一）英语四、六级考试泄密事件

2002—2003年度英语四、六级考试中，西南农业大学外语学院原教师孔静，利用监考人员考前1小时可以领取试卷的漏洞，将试卷提前启封，然后将部分试题用电话告知场外"枪手"，并复印试卷带出考场，让"枪手"做好答案后，通过QQ号码发送给全国11个省市的数百名考生，非法获利20余万元。2004年12月，重庆北碚区法院以故意泄露国家秘密罪判处孔静有期徒刑4年，并缴获其全部非法所得，其他涉案人员被分别判处半年至2年不等的有期徒刑。

2003年，东方大学城宇航培训学校法人代表刘晨、授课教师曹宇与中国人民公安大学教务处负责考务工作的副科长史晓龙合谋，窃取了大学英语四级考试的试题，并指使他人将部分考试范围公布于培训学校的网站，同时在中国地质大学（北京）举办考前"点题讲座"，将四级考试试卷的部分内容泄露给参加培训的学生，共600多人参加了培训，曹、刘二人从中直接获利1.4万元。事后，有关部门依法取缔了东方大学城宇航培训学校，停止了中国人民公安大学全国大学英语四、六级考试考点资格，对中国地质大学（北京）给予通报批评。2004年6月史晓龙、曹宇因犯故意泄露国家秘密罪，一审被判处有期徒刑3年，刘晨被判处有期徒刑2年。

2004年6月，广西交通职业技术学院外语系原副主任林继彬和该校外语系原干事杨波绮，签收领回密封好的试卷及听力磁带后，未按规定进行保密保管，而是存放在该学院外语系办公室的铁皮柜内，私自开启密封试卷袋并将试题泄露给同校教师。这几人分别在考前辅导班和培训班上将部分考试题的内容和答案透露给学生，导致四级英语考试考题大面积泄露。2004年12月30日，南宁市新城区人民法院作出一审判决，林继彬被判处有期徒刑1年零6个月，其余几名被告也受到惩处。

## （二）高等教育自学考试泄密事件

2004年，北京市昌平区防化研究院试制工厂承印2004年下半年高等教育自学考试全国统一命题考试民法、民诉法、经济法等学科的试卷，印刷车间原主任利用工作之便，将在该印刷车间保密室存放的尚未启用的试卷带回家中，为中国政法大学人文学院教学部原主任隋正东提供试卷进行扫描、复制。隋正东将复制的试卷编辑、整理后分别向刘某、孙某等教师泄露，并在考试辅导班上泄露给考生。隋正东等人已被检察机关提起公诉。

2008年北京全国高等教育自学考试前一星期，法律专业民法、公司法、法律文书、民事诉讼法、环境法等5科考试题目被整套泄露，在考生中广泛传播，考生花费100元就可以买到一科试题。警方已经介入调查。

## （三）2007年国家司法考试泄密事件

2007年全国司法考试举行前，司法部监察局监察二室主任林建东（副局级）利用工作便利条件获得考题，并泄露给好友之女石玉丹，石玉丹的前男朋友李晓亮将试题透露给专业"枪手"于树泉。于树泉将试题以每套1万元到7万元不等的价格，贩卖给北京，浙江金华、宁波，山西临汾，河北唐山等地的20余名考生，非法获利20余万元。2008年7月10日，宁波市海曙区法院对此案作出一审判决，以故意泄露国家秘密罪判处石玉丹有期徒刑3年，判处李晓亮有期徒刑3年6个月，判处于树泉有期徒刑4年6个月，其他涉案人员也受到了法律相应处罚。林建东案正在审理中。

### （四）国家一级建造师执业资格考试泄密事件

2006年2月至9月，犯罪嫌疑人宋福来（北京易成市政工程有限责任公司总工程师）在参与2005年度和2006年度全国一、二级建造师执业资格考试市政公用工程管理与实务的命题工作期间，将考试试卷与备用试卷中的考题以凭记忆和记在手心等方式带出，并泄露给犯罪嫌疑人宗大武（退休前是北京市市政工程第六建设工程有限公司总工程师），后者在北京、河南、辽宁等地考前辅导班上担任授课教师，将考题以画重点的方式泄露给考生。2007年，深圳市某培训中心负责人龙某花50万元人民币提前买下国家一级建造师执业资格考试试题，然后在考试前夕透露给培训班的学员。另外，他还将该试题及答案分别以10万元和11万的价格卖给北京某培训学校的李某和武汉某教育咨询培训公司的陈某。目前该案涉案人员均已受到法律制裁。

### （五）医师资格考试泄密事件

2007年9月21日，卫生部深夜发出紧急公告，由于试题外流，即将于9月22日、23日进行的临床执业医师和口腔执业医师两个类别的考试推迟至11月17日。目前该案件还在调查中。

### （六）全国计算机技术与软件专业技术资格（水平）考试泄密事件

2008年11月5日，威海市考试部门一工作人员到山东省教育印务中心领取全国计算机技术与软件专业技术资格（水平）考试试卷，在济南搭乘出租汽车时，将装有试卷的纸箱遗忘在出租汽车上。

为此，人力资源社会保障部、工业和信息化部全国计算机专业技术资格考试办公室发出紧急通知，原定于11月8日、9日举行的计算机技术与软件专业技术资格（水平）考试推迟。影响了全国约20万名考生的备考，社会反响十分强烈。

### （七）道路运输从业资格考试泄密事件

2008年7月3日，广州市花都区富都交通职业培训中心经营性道路运输驾驶员考点发生买卖道路运输从业资格考试答案的事件。工作人员公然售卖试题答案，现场考试考核员监考不严，考场纪律涣散。7月22日广州市交委作出决定，辞退售卖试卷答案人员，开除涉案两名考核员，当次考试无效，全部重考。花都区富都交通职业培训中心暂停组织考试，进行全面整改。《广州日报》对此事件进行了跟踪报道。

## 三、考试泄密主要原因及影响分析

### （一）考试泄密主要原因分析

1.考试设计存在问题。目前我国有的考试规定全国统一大纲，但命题和考试组织由各省、自治区、直辖市负责。这种考试设计不仅考务组织管理模式各式各样，很不规范，又缺乏必要的监管，使漏洞增加，而且扩大了参与命题人员范围，使泄密机会大大增加。

2.考试制度不够完善，给不法分子提供了可乘之机。考试工作专业性强，组织管理复杂，特别是全国统一的考试，涉及面广，工作量大，考试命题，试卷印刷、运输、保管等每一个环节的疏漏都有可能危及考试安全。如英语四、六级考试和高等教育自学考试泄密案，监考人员和命题专家能够获得并泄漏试题的客观原因正是制度不够完善。

3.考试管理人员法制意识淡薄,具体表现在违反规章制度、在某些环节上监管不严甚至缺位、受利益诱惑而铤而走险。从前面案例中可以发现,很多考题都是由考试管理人员甚至是考试安全监管人员泄露的。这也反映出相关部门对考试管理人员保密教育不够,缺乏有效监管。

### (二)考试泄密造成的恶劣影响

1.对政府的影响。随着社会的进步和发展,考试作为一种人才能力水平测评的有效手段,越来越受到重视,已经成为社会关注的热点和焦点。而我国目前现有的国家级考试,其制度大部分是由政府部门建立的。因此,不论是考务组织管理不善还是命题保密不严,一旦出现考试安全问题,广大考生就会对政府的公平、公正产生怀疑。特别是现代社会信息技术发达,信息传播速度快、范围广,极大增强了考试安全事件所产生的负面影响,也严重损害了政府的形象和公信力。

2.对人民群众生命财产安全的影响。目前,我国很多考试都是依据法律法规建立的行业准入考试,这类考试直接关系到人民群众生命财产安全,如一级建造师考试和营运汽车驾驶员考试。这类考试一旦泄密,就可能会使不符合职业要求的人员也进入了行业队伍,带来了安全隐患,不仅降低了行业从业人员素质,更大大增加了安全事故发生的概率,对人民群众生命财产安全造成严重影响。

3.对考生的影响。考试泄密使考生的合法权益受到了侵害,因考试泄密造成的考试延期、无效、重考等结果不仅给广大考生带来了经济上的损失,还使他们的正常生活受到影响,进而影响到正常的社会秩序,这种影响往往是难以用数字计算的。

## 四、启示

### （一）考试组织管理应向专业化方向发展

1.考试专业化是国际考试行业的发展趋势。在欧美等考试管理及技术应用比较先进的国家，大部分考试，尤其是大规模、专业化的考试都是由考试专门机构组织实施的。国际考试行业协会的高级会员如美国教育考试服务中心、美国医师考试委员会等都是著名的专业考试机构，组织了托福考试和美国医师执照考试等影响力很大的专业性考试。

2.考试专业化是政事分开的要求。考试专业化要求将考试的技术性、事务性工作交由考试专门机构承担，这样不仅有利于发挥考试专门机构的组织和技术优势，更能使政府机构从考试的具体事务中解脱出来，专注于行业政策、法规、规划的制定以及市场监管和公共服务等宏观层面的工作。因此，实施考试专业化符合转变政府职能、实行政事分开的要求。

3.考试专业化有助于发挥考试技术优势。考试是一项专业性很强的工作，需要专门的组织机构和人员队伍来负责实施。由专门机构组织考试有助于协调各方面力量，发挥专业优势，完善考试环节，充分发挥命题技术和现代考试技术的作用，使考试工作有效地开展。考试专门机构和专业人员可以通过采用先进的命题技术等减少专家泄露试题的可能，通过对考试测评理论和行业专业知识的结合和应用，提高考试的信度和效度。

### （二）建立健全考试制度

1.建立健全考试制度，不留死角。考试工作环节众多，内容繁杂，组织实施难度较大，应通过科学合理的考试制度来规范各个考试环节，通过考试制度消除各工作环节的安全隐患，应吸取前面案例的教训，认真查找考试工作各环节的漏洞，健全考试制度。

2.认真执行和落实制度。要建立健全考试制度的执行和落实机制，通过制度来保证考试制度得到有效执行，使考试制度能充分发挥规范考试的作用。

3.加强对制度执行情况的监管。为保证考试制度能真正落到实处，应加强制度执行的监管，每一项工作完成都有专人签字，使考试工作各环节的工作都得到有效的监督。要层层签订保密责任书，明确保密责任，加强监管力度，责任落实到人，确保考试安全。

### （三）加强考试管理人员队伍建设

加强考试管理人员队伍建设是完善职业资格考试的重要途径，也是保证考试安全的重要手段。针对考试管理人员队伍不稳定性、重视度不够、对考试要求掌握不到位等问题，一方面是完善制度，做到各级各类考试管理人员分工明确，并体现责、权、利的统一；另一方面加大对考试管理人员的教育培训力度，不仅提高他们考试技术和组织管理水平，更要增强他们的保密意识，杜绝发生考试安全事件。

（本文发表于 2008 年第 29—30 期《职业资格研究动态》）

# 从考试立法看交通运输行业考试的规范化管理

交通专业人员资格评价中心考务管理处　王福恒

2007年5月，国务院法制办就《中华人民共和国考试法（草案）》（以下简称《考试法》）征求交通运输部意见，2009年3月，国务院法制办再次就该草案征求交通运输部意见。这项工作的不断推进不仅预示着考试规范化已上升到立法高度，也为我们重新审视交通运输行业考试提供了全新的视角。

## 一、《考试法》的制定背景及主要内容

### （一）《考试法》的制定背景

随着考试所涉及的范围越来越广，参与考试组织管理与服务的机构和人员越来越多，考试活动中的各种不规范情况也越来越突出，社会反响非常强烈。近年来，每年都有全国人大代表和政协委员提出有关《考试法》的议案、提案和建议。在2004年3月的十届全国人大二次会议上，有123名人大代表提出了5项关于制定国家考试法的议案，有的议案中还附有考试法建议稿。2005年初，根据国务院领导的指示，教育部开始了《考试法》的起草工作，并会同原人事部、原劳动和社会保障部、司法部、卫生部等部门成立了《考试法》起草工作部际领导小组，具体工作由教育部负责。

## （二）《考试法》的主要内容

今年征求意见的《考试法》分为8章，即：总则、考试的设置、考试的组织、考试秩序、考试成绩评定与使用、考试保障、法律责任、附则，共44条。

《考试法》重点规定了5个方面的内容，一是考试举办机关对考试的设置；二是组织实施考试的程序；三是安全保密工作；四是考试过程中具有较强专业性和技术性的工作规定，如建立评分误差控制体系等；五是法律责任。

《考试法》的核心，一是对考试举办机关管理权的授予，二是对考生在考试过程中基本权利的保障。

## 二、考试立法对交通运输行业考试规范化管理的新要求

### （一）对考试专门机构的要求

《考试法》规定，考试举办机关负责政策制定，考试专门机构承办考试的具体工作，这也是目前的通行做法。国内，如国家司法考试，司法部国家司法考试司是考试的举办机关，负责司法考试的政策制定和对考试工作的指导监督，其具体的技术性和事务性工作均交由司法部下设的专门考试机构国家司法考试中心负责。类似的还有交通运输部海事服务中心承担部海事局组织的船员考试、财政部的会计从业资格考试、卫生部的国家医学考试等。国际上，如美国教育考试服务中心（ETS）、美国医师考试委员会（NMBE）等都是著名的专门化考试机构，组织了托福考试和美国医师执照考试等影响力很大的专业性考试。因此，将行业有关考试的具体组织实施工作逐步交由专门考试机构负责，是考试立法对交通运输行业考试提出的新要求。

## （二）对考试组织管理专业化的要求

考试是一项专业性很强的活动，它以认知理论、现代测量理论、统计分析理论为基础，运用人本原理、差异原理、系统原理、动态原理、控制原理，通过各种测评量表、测评软件、考试技术软件等应用成果，构成了一套包括考试设计、实施、评价、管理在内的考试理论体系，并成为以管理学、心理学、统计学、计算机科学为基础的多学科综合运用的边缘性学科。考试立法中就针对错同率的判定、建立评分误差控制体系等技术性、专业性很强的环节提出了具体要求。

交通运输部现有的全国统一的考试，大部分还是停留在行业专家出卷、进行纸笔考试的水平，不仅缺少命题技术专家的指导、对考试组织管理程序的规范化、成绩分析评价，也缺少对计算机和网络新技术的运用和对考试结束后获证人员从业行为的动态监管。考试组织管理的非专业化，从微观上讲，不利于对人才的选拔和评价；从宏观上讲，不能代表行业对自身发展模式和方向的控制。因此，将考试组织管理专业化，是考试立法对交通运输行业考试的新要求。

## （三）对考试公平性的要求

从法理上讲，国家的考试权隶属于行政权。考试行为是一种行政行为，不管是各高校组织的教育类考试，还是由各行政主体组织的资格类考试，都是该考试机构代表国家所实施的一种公权力行为。由于考试承办机构重叠和组织管理专业化水平不高，极易导致暗箱操作行为，进而滋生腐败，这不仅大大损害了政府形象，同时，随着社会公众法律意识和维权意识的不断增强，政府也将随时面临着考试公平性的考验。考试立法力求保证所有考生能够在一个公正的环境里进行考试，公平参与竞争，从而在客观上维护国家人才选拔的良性环境，因而，也是对交通运输行业考试的新要求。

（本文发表于 2009 年第 9 期《职业资格研究动态》）

# 从国务院对职业资格工作的新要求
# 看我国职业资格制度发展趋势

交通专业人员资格评价中心综合处　何朝平

今年以来，国务院在印发的文件中，对新形势下的职业资格工作提出明确要求，从中可以管窥我国职业资格制度的发展趋势，也为我们做好交通运输职业资格工作指明了方向。

## 一、国务院对职业资格工作的新要求

国务院今年以来印发的涉及职业资格工作的文件可以分为两类。第一类是对面上工作的总体要求。

1月7日，国务院办公厅《关于印发国务院2009年立法工作计划的通知》（国办发〔2009〕2号），明确今年将制定《职业技能培训和鉴定条例》。2月24日，国务院法制办就《职业技能培训和鉴定条例（征求意见稿）》第三次征求交通运输部意见。3月20日，交通运输部以《关于〈职业技能培训和鉴定条例（2009年2月24日征求意见稿）〉的修改意见》（交函体法〔2009〕64号）函复国务院法制办公室，重申交通运输部对发挥行业主管部门在职业技能培训和鉴定工作中作用的主张。

1月19日，国务院办公厅印发《关于加强普通高等学校毕业生就业工作的通知》（国办发〔2009〕3号），要求"加强对高等职业院校学生的技能培训，实施毕业证书和职业资格证书'双证书'制度，努力使相关专业符合条件的应届毕业生通过职业技能鉴定取得相应职业资格证书。"

2月3日，国务院印发《关于做好当前经济形势下就业工作的通知》（国发〔2009〕4号），要求"发挥好政府投资和重大建设项目带动就业的作用，项目开工建设时，同步启动对从业人员的职业技能培训"，"……开展多层次、多形式的职业技能培训……突出培训的针对性、实用性和有效性，提高培训质量和培训后的就业率。"

第二类是对在特定岗位建立实施职业资格制度的要求。

4月10日，国务院办公厅印发《关于进一步加强政府采购管理工作的意见》（国办发〔2009〕35号），明确提出"财政部要会同有关部门研究建立政府采购从业人员执业资格制度，对采购单位、集中采购机构、社会代理机构和评审专家等从业人员实行持证上岗和执业考核，推动政府采购从业人员职业化进程。"《国务院2009年立法工作计划》（国办发〔2009〕2号）明确今年要制定《政府采购法实施条例》，其中也会涉及建立政府采购从业人员执业资格制度的条款。

## 二、我国职业资格制度发展趋势

从国务院今年印发的涉及职业资格工作的一系列文件，可以看出职业资格制度在我国经济社会发展中作用越来越重要，可以概括为3个"注重"。

### （一）注重在法律法规中明确对建立实施职业资格制度的要求

根据《国务院办公厅关于清理规范各类职业资格相关活动的通知》（国办发〔2007〕73号），对涉及公共安全、人身健康、人民生命财产安全等特定职业（工种），国家依据有关法律、行政法规或国务院决定设置行政许可类职业资格。

综观我国建立社会主义市场经济体制以来的经验，各部委，特别是行业主管部门无一不把职业资格制度作为关键岗位从业人员管理的抓手,并从法律法规上予以明确。比如,《中华人民共和国会计法》第三十八条规定:"从事会计工作的人员,必须取得会计从业资格证书。"九届全国人大常委会第22次会议通过的《中华人民共和国法官法》、《中华人民共和国检察官法》修正案规定"国家对初任法官、检察官和取得律师资格实行统一的司法考试制度。国务院司法行政部门会同最高人民法院、最高人民检察院共同制定司法考试实施办法,由国务院司法行政部门负责实施。"《中华人民共和国建筑法》第十四条明确:"从事建筑活动的专业技术人员,应当依法取得相应的执业资格证书,并在执业资格证书许可的范围内从事建筑活动"。《证券公司监督管理条例》第三十八条规定:"证券经纪人应当具有证券从业资格",根据《中华人民共和国证券法》和《证券公司监督管理条例》制定的《证券经纪人管理暂行规定》,自2009年4月13日起施行,其中明确"证券经纪人为证券从业人员,应当通过证券从业人员资格考试,并具备规定的证券从业人员执业条件"。

交通运输是国民经济的基础性产业和服务性行业,是国民经济的重要组成部分,众多关键岗位从业人员的职业活动都直接关系到公众的切身利益乃至生命财产安全,对公共安全、人身健康、人民生命财产安全的影响均高于政府采购从业人员,迫切需要在制定或修订相关法律法规的过程中,明确设置从业人员职业资格的条款。

(二)注重职业资格制度与从业人员准入、退出制度相衔接

无论是我国已经实施的注册土木工程师、注册结构工程师、注册监理工程师、注册安全工程师、建造师、造价工程师等执业资格制度,还是根据国务院要求将要建立的政府采购从业人员执业资格

制度，有一个共同的特征就是持证上岗、执业考核、继续教育、定期注册。其流程是，应试人员参加职业资格考试取得资格证书，经初始注册后，在注册有效期内执业；执业情况纳入考核体系，考核不良记录达到一定程度将不得继续执业；在注册有效期满前，接受规定学时的继续教育并达到一定标准，方可申请延续注册；通过延续注册的，在下一个注册有效期内继续执业。

在社会主义市场经济体制从建立到逐步完善的过程中，一些行业主管部门根据行业管理需要建立了内部使用的从业人员资格制度，满足了当时的工作需要。但从国务院对职业资格制度的要求来看，这些内部使用的从业人员资格制度还不规范、不完善，有的停留在一次考试终身有效的程度，没有及时将行业发展的新技术、新工艺、新材料纳入继续教育的范畴；有的引入了诚信考核的理念，但还没有建立科学的评价指标体系，不能动态跟踪和准确反映从业人员的工作表现。

交通运输部先后依法建立了经营性道路客货运输驾驶员、道路危险货物运输从业人员、机动车驾驶培训教练员等从业资格制度，下一步要在持证上岗的基础上，建立职业资格定期注册、接受继续教育和职业道德检查的长效机制；在建立职业资格考试制度的基础上，建立由注册管理（登记服务）制度、继续教育（培训）制度和从业管理制度等构成的职业资格制度体系；在建立完善职业资格制度体系的基础上，积极推进其与从业人员准入制度、单位资质和信用体系评价制度、企事业单位人事管理制度相衔接。

**（三）注重把职业资格、职业教育、职业培训与就业准入以及解决就业问题结合起来**

2006年11月，温家宝总理在中南海主持召开教育工作座谈会时就强调："要注意把职业教育、职业培训与就业准入以及解决就业问题结合起来,把职业资格认定、职业等级评定和技能型人才的选拔结合起来。"面对国际金融危机的冲击和影响,党中央、国务院提出了保增长、保民生、保稳定的一系列重要举措。为保障就业,国家在高等职业院校学生中推行毕业证书和职业资格证书"双证书"制度,这既是对中等职业院校实施"双证书"制度经验的肯定和推广,也是职业资格制度与职业教育培训制度改革衔接的重要举措。

党中央、国务院把加快公路基础设施建设作为扩大内需、促进经济增长的重要举措。随着新一轮公路基础设施大建设大发展,交通运输行业的就业容量将持续增加,如何把好从业人员市场监管关口,是摆在各级交通运输主管部门面前的一个难题,而综合发挥职业资格、职业教育、职业培训的作用无疑是解决问题的有效措施。

(本文发表于2009年第12期《职业资格研究动态》)

# 我国物流职业能力评价市场现状分析

交通专业人员资格评价中心公路职业资格处　李良华

## 一、物流职业标准建设情况

原劳动和社会保障部在 2004 年初将"物流师"作为第五批新职业发布,并颁布《物流师国家职业标准》,建立了物流师职业资格制度。

物流师国家职业资格分为四个等级(物流员、助理物流师、物流师和高级物流师),其职业标准规定了各级别人员应具备的基本素质和基本知识与技能,适用于在生产、流通和服务领域中从事采购、储运、配送、货运代理、信息服务等操作和管理的人员。

## 二、物流职业能力评价市场现状

自《物流师国家职业标准》颁布后,国内开始出现各类物流评价认证活动。据不完全统计,在国务院部署开展清理规范职业资格相关活动之前,国内有不少于 16 种物流相关的评价认证考试。

### (一)基本模式

总体上看,我国现有物流职业能力评价分为国内举办的物流评价认证以及引进的国外物流评价认证两类(见图 1)。

我国物流职业能力评价市场现状分析

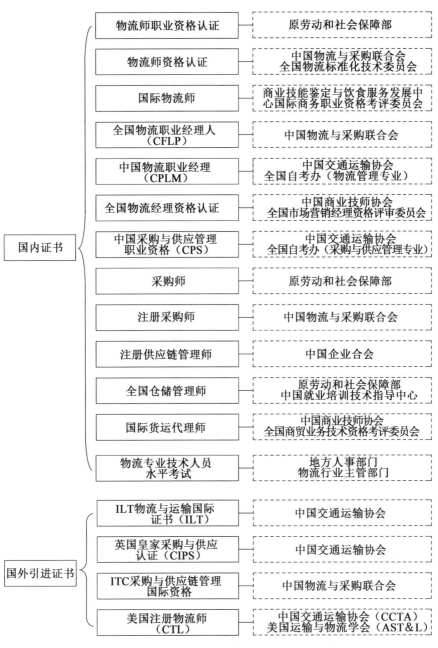

图1 目前国内开展的各类物流相关职业评价认证

其中，国内举办的物流评价认证主要基于以下两种模式开展：

1. 全国层面上，由政府机构及行业组织以《物流师国家职业标准》为依据开展的物流评价认证考试。如中国物流与采购联合会（中物联）和全国物流标准化技术委员会推出的"物流师职业资格认证"、原劳动和社会保障部"物流师国家职业资格证书"、中国交通运输协会（中交协）和全国自考办联合举办的"中国物流职业经理（CPLM）认证"等；

2. 地方层面上，地方人事部门与物流行业主管部门联合建立的区域性物流专业技术人员水平考试。该类考试纳入地方职称管理序列，如上海市现代物流专业技术水平认证、江苏省物流专业技术人员职业资格考试、天津市现代物流专业技术人员考试、大连市物流专业技术资格（水平）考试等。

### （二）典型认证分析

1. 中国物流与采购联合会"物流师职业资格认证"。

根据《物流师国家职业标准》，中国物流与采购联合会于2003年11月在全国范围内启动物流师的培训和认证工作。认证分助理物流师、物流师和高级物流师等不同级别。考试合格者，取得由中国物流与采购联合会和全国物流标准化技术委员会共同颁发的物流师资格认证考试合格证书。

物流师培训共有《现代物流概论》、《物流实务》、《物流常用法律法规》、《物流管理》和《物流系统工程》等5本教材，是由中国物流与采购联合会组织部分行业主管部门（不包括交通运输部）、院校等教育培训机构和物流企业专家编写的专用培训教材。

为推动物流师职业资格认证工作，中国物流与采购联合会专门成立了"物流师职业资格认证专家委员会"，按照"考培分离"和"六统一"（即统一标准、统一教材、统一培训、统一考试、统一阅卷、统一认证）的原则，建立了全国性的培训认证网络体系。目前，全国各地经中国物流与采购联合会授权的培训机构有192家，考试机构有33家，学员可就近参加培训并参加全国统一考试。

考试每年进行2次，考试形式各级别略有不同。助理物流师和物流师采取笔试，考试内容包括系统知识和熟练技能两部分；高级物流师采取笔试加面试形式，分为综合知识和能力测评两部分，综合知识考试采用标准化试卷，能力测评主要通过面试。近几年，每年约2万人参加培训和考试，平均通过率为60%~70%。

培训认证费用包括三个部分：各地培训机构收取的培训费、各地考试机构收取的考试费和中国物流与采购联合会收取的认证费。其中培训费由中国物流与采购联合会制定指导价（助理物流师培训90课时，培训费1600元；物流师培训120课时，培训费2100元；高级物流师培训160课时，培训费4800元），考试费为300元/人，认证费200元/人。

2.原劳动和社会保障部"物流师国家职业资格认证"。

原劳动和社会保障部"物流师国家职业资格认证"采取职业技能鉴定方式开展，成立了"劳动部物流师国家职业资格鉴定专家组"，并组织编写出版了物流师国家职业资格鉴定统一教材。采取"统一标准、统一教材、统一考试、统一培训、统一鉴定"的方式进行，考试每年进行2次，由省级鉴定中心组织全省鉴定工作。该项培训认证费用包括：培训机构收取的培训费、鉴定中心收取的鉴定费以及原劳动和社会保障部收取的证书费等。

3.中国交通运输协会与全国自考办"中国物流职业经理（CPLM）"认证。

该项认证考试由中国交通运输协会（中交协）和全国高等教育自学考试指导委员会自2005年11月起合作开考，分为初级、中级、高级共三种证书，通过考试后取得由中国交通运输协会与教育部考试中心联合用印的中国物流职业经理（CPLM）资格证书。

该项认证采用课程模块制，通过单项课程考试将发放单科合格证书。考试形式为笔试，全国统一考试，每年开考2次，年均3万人参加考试。教材由中交协统一组织编写。完成不同等级证书所规定的课程考试后，可申领相应级别的资格证书。证书全国统一编号注册，有效期为五年，有效期满后需复审注册。复审注册主要提供获得证书后的工作简述以及论文著作发表情况。

在管理体系上，证书的审核、注册、制作、发放、复审等日常管理工作由北京中交协物流人力资源培训中心统一负责，各省成立省级项目管理单位，负责本地区证书的申请手续、考试的组织管理及省级助学机构管理。开展CPLM认证的助学（培训）需经省级项目管理机构及全国管理中心的审核批准。

该项认证的特色在于完成其认证的课程可以免考自学考试相关课程。取得CPLM证书单科合格证书，可在高等教育自学考试物流管理专业（专科、独立本科段）中获得相应课程的学分。由于中交协同时也是英国皇家运输与物流学会CILT认证的中国合作机构，其CPLM证书可与CILT证书互认。

4.地方现代物流专业技术资格（水平）考试。

在地方现代物流职业能力评价认证中，主要分为初级、中级和高级水平认证。初级和中级一般通过考试方式取得，高级认证以考评结合方式进行。评价内容包括现代物流基础知识、物流业务与物流技术等。评价认证组织工作由地方人事主管部门与交通主管部门共同负责。以大连市物流专业技术人员水平评价制度（图2）为例进行分析：

大连市人事局将物流专业技术资格作为工程系列下设专业,纳入该市专业技术职务聘任制度中,实行统一规划管理。评价适用于全市各类企事业单位从事运输、仓储、包装、配送、流通加工、物流信息服务等物流管理及物流相关人员。

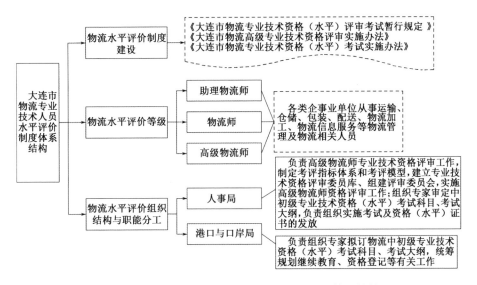

图2　大连市物流专业技术人员水平评价制度体系结构

大连市物流专业技术资格认证采取统一考试大纲、统一培训教材及统一考试认证等形式开展。考试科目分必修与选修,包括物流管理基础、企业物流管理、物流企业运作实务、国际物流理论与实务等课程。通过大连市物流专业技术资格(水平)评审考试或认定合格者,由大连市人事部门颁发辽宁省人事厅统一印制、省市人事部门共同用印的大连市物流专业技术资格(水平)证书。证书在全省范围有效。

## 三、物流评价认证市场存在的问题

我国物流人才评价工作虽然起步晚,但近年来发展迅速,促进了物流人才的培养与发展。然而,当前物流人才评价市场也存在一些问题，从评价运作体系和评价技术方法两方面进行分析：

### （一）评价运作体系层面

在评价运作体系上，目前国内物流评价主体众多，缺乏完整的评价体系设计。由于之前物流行业主管部门的缺位，物流评价市场整体较为混乱。政府部门、行业协会及社会组织等各自为政，开发举办了大量功能相近的物流人才评价考试，既浪费了宝贵的社会资源，又人为地增加了社会交易成本。另外，各类评价的过度商业性运作，导致证书的效用及信度存在风险，而评价认证活动缺乏第三方监管，容易造成乱制证、滥发证等行为的发生。

### （二）评价技术方法层面

目前国内物流评价认证市场存在评价标准不统一、评价认证形式单一性等问题。评价标准的不统一，不利于各类评价之间的交流互认，也不利于真实反映受评者的能力水平。在评价技术方法上，目前所有评价认证均以笔试为主，形式单一；缺乏对理论与实践相结合的考核，难以区分与学历考试的差别；对受评者既有的业绩及其他能力证明等不纳入评价内容，容易导致评价失真，弱化评价结果的参考价值。

## 四、建议

### （一）统一评价认证管理体制，统筹规划开展评价认证活动

为加强对国内现有物流评价认证的规范管理，减少各类评价认证之间的内耗，避免社会资源的浪费，应实行统一的评价认证管理体制。可成立全国物流职业能力评价认证专门机构，并建立相应的评价认证管理、评价标准制定、评价培训、评价执行以及评价监督

机构等不同职能分工的管理体系，纳入国家职业资格认证的统一管理。

从国内各类物流评价认证的定位及评价内容上看，目前的评价认证项目集中于对物流运营管理人员的评价，而对物流领域的其他类型从业人员涉及较少。为建立健全我国现代物流的评价认证体系，可在统一评价管理体制后，在充分考虑现有的评价认证项目基础上，结合物流领域职业分类特征，构建我国物流职业能力评价认证框架体系，统筹规划开展物流评价认证。

**（二）构建科学合理的物流职业能力评价指标体系，采用合适有效的评价技术方法，推动我国物流职业能力评价的发展**

在职业能力评价的技术层面，应在充分认识物流领域职业类型构成的基础上，结合职业能力模型制定各职业类型的职业能力要求与职业技能标准，研究构建科学合理的物流职业能力评价指标体系。同时，采用合适有效的人力资源测评技术与评价方法，注重评价认证标准的科学性、认证程序的规范性、认证方法的有效性、认证结果的实用性以及认证组织的严密性，推动我国物流职业能力评价工作健康有序发展。

（本文发表于 2009 年第 23 期《职业资格研究动态》）

# 会计从业人员资格制度概况及其启示

交通专业人员资格评价中心公路职业资格处　沈冬柏

## 一、会计从业人员资格制度概况

会计从业人员资格制度包括会计从业资格、会计专业技术资格和注册会计师执业资格。

### （一）会计从业资格

会计从业资格通过考试取得。只有通过会计从业资格考试，取得会计从业资格证，才能从事会计工作，才能报名参加会计专业技术资格考试和注册会计师执业资格考试。会计从业资格考试大纲由财政部统一制定，考试科目包括财经法规与会计职业道德和会计基础，考试成绩滚动管理，考生必须在连续2个考试年度内通过全部科目方为合格。全部考试科目合格后可取得会计从业资格证书。

### （二）会计专业技术资格

会计专业技术资格分为初、中、高三个等级，通过会计专业技术资格考试取得。其中，高级资格采用考评结合的方式，除了考试合格，还需通过评审。会计专业技术资格考试全国统一组织、统一考试时间、统一考试大纲、统一考试命题、统一合格标准。财政部会同原人事部共同成立全国会计专业技术资格考试领导小组，统一领导会计专业技术资格考试工作，财政部会计资格评价中心负责具体考试工作。考试纳入每年的人事考试工作计划，由各地人事考试中心组织实施,考生按属地原则报名考试。考试合格者,颁发原人事部统一印制,原人事部、财政部用印的会计专业技术资格证书,该证书在全国范围内有效。

### (三)注册会计师执业资格

注册会计师执业资格实行全国统一考试,考试分为专业阶段考试和综合阶段考试。专业阶段考试设会计、审计、财务成本管理、公司战略与风险管理、经济法、税法6个科目,考生在通过专业阶段考试的全部科目后,才能参加综合阶段考试,综合阶段考试设职业能力综合测试1个科目。考试合格,分别颁发注册会计师全国统一考试专业阶段考试合格证书和全科考试合格证书(或称综合阶段考试合格证书)。取得全科考试合格证书、具有两年以上会计师事务所工作经验者才能取得注册会计师执业资格证书。

## 二、会计从业人员资格制度的特点

### (一)法律依据充分

《中华人民共和国会计法》第三十八条规定:"从事会计工作的人员,必须取得会计从业资格证书",第三十八条还规定:"担任单位会计机构负责人(会计主管人员)的,除取得会计从业资格证书外,还应当具备会计师以上专业技术职务资格或者从事会计工作三年以上经历。"

《中华人民共和国注册会计师法》第七条规定:"国家实行注册会计师全国统一考试制度。"

### (二)考试严格

注册会计师考试通过率较低,2008年度注册会计师全国统一考试共有57万人报名，49万余人次参加了考试。各科合格人数及合格率分别为：会计14502人，10.79%；审计9281人，15.06%；财务成本管理9579人，15.26%；经济法20034人，17.98%；税法16498人，13.56%。所有科目的平均合格率为14.53%。

### （三）配套制度完善，重视继续教育

1. 与教育评估紧密结合。具备中专以上（含）会计类专业学历（或学位）的，自毕业之日起2年内（含），免试会计从业资格考试的部分科目。

2. 会计从业资格证书实行注册登记制度，持证人员从事会计工作，应当自从事会计工作之日起90天内，办理注册登记。

3. 重视继续教育。财政部负责全国会计人员继续教育的管理工作。分高级、中级和初级三个级别开展继续教育工作，内容主要包括会计理论、政策法规、业务知识、技能训练和职业道德等。一是对从业人员的继续教育实行登记管理。会计人员按照要求接受培训，考核合格并取得相关证明后，应在90天内持从业资格证及相关证明向继续教育主管部门办理继续教育事项登记。二是对开展会计人员继续教育的培训单位进行监督和指导，目的是规范培训市场、确保培训质量。注重加强会计人员继续教育机构建设，制定了会计人员继续教育机构应具备的条件和违规处理办法。

### （四）信息化程度高

在考试组织方面，积极开发考试信息管理系统，会计从业资格考试已经实现了网上报名，并推进会计从业资格无纸化考试。在继续教育方面，推广网络教育、远程教育、电化教育，提高会计人员继续教育教学和管理的信息化水平。

在从业监管方面，会计从业资格管理机构建立了持证人员从业

档案信息系统，及时记载、更新持证人员的有关信息，包括持证人员基础信息和注册、变更、调转登记情况；持证人员从事会计工作情况；持证人员接受继续教育情况；持证人员受到表彰奖励情况；以及持证人员因违反会计法律、法规、规章和会计职业道德被处罚情况。

在对外宣传方面，通过"会计行业管理网"和"全国会计资格评价网"，加强与考生和地方考试管理机构的沟通。

### （五）与行业管理结合紧密

1.与开业条件结合紧密。《会计师事务所管理办法》（财政部令2005年第24号）明确规定："设立合伙会计师事务所应当具备的条件之一是至少有3名注册会计师（含合伙人），设立有限责任会计师事务所应当具备的条件之一是至少有5名注册会计师（含股东）。"

2.严格从业管理。《中华人民共和国会计法》、《中华人民共和国注册会计师法》都有明确的罚则，对不同程度的行为，分别给予撤销会计从业资格，直至追究刑事责任的处罚。

## 三、会计从业人员资格管理对我们的启示

### （一）健全的制度体系是建设好、管理好和使用好职业资格制度的关键

在制度设计上，会计从业人员管理采取从业资格为基础，注册会计师执业资格和会计专业技术资格为补充的多元化科学评价方式。各行业、各系统的各级、各类会计人员在取得从业资格证书后都能找到自己持续提升的途径。

在考试组织上，科学的考务管理制度和严格的考试工作流程

提升了考试的权威性和公正性。全国统一的考试合格标准增强了职业认同感，提高了职业地位，从而引导从业人员珍惜自己的工作岗位。

在配套制度上，定期注册制度解决了一次考试定终身的问题，实现了对从业人员的动态管理；继续教育制度保证了从业人员的知识更新；从业管理制度规范了从业人员的从业行为。

健全的职业资格制度体系确保了会计从业人员资格管理制度与有关制度的有效衔接，充分发挥了其应有的评价人员素质和加强行业监管的功能。

**（二）科学的组织体系是建设好、使用好和管理好职业资格制度的保障**

不论是会计专业技术资格，还是注册会计师资格，都是由财政部业务主管司局和专门考试评价机构共同组织实施的。由于责任到位、要求到位、措施到位，充分发挥了专门机构的主动性、积极性和创造性，有效地推进了职业资格工作。

交通运输行业职业资格工作要继续加快"两个体系"建设，为建设好、使用好和管理好交通运输行业职业资格制度提供有力保障。一是组织管理系统，特别是加强职业资格专职工作人员队伍建设。二是信息化管理系统，利用科技手段建立职业资格工作平台、信息发布平台、网络培训平台，建立从业人员管理信息系统，并与部有关业务司局建设的信息系统有效衔接，逐步实现全国联网。

**（三）完善的法律体系是建设好、使用好和管理好职业资格制度的基础**

综观其他行业，凡是从业人员素质高、行业监管有力的行业，不论是建设、司法，还是会计，都十分重视依法管理从业人员，注重职业资格立法工作，这也是会计从业人员资格管理工作快速、科学、协调发展的重要基础。

（本文发表于 2009 年第 38 期《职业资格研究动态》）

# 香港出租汽车驾驶员资格管理与服务规范

交通专业人员资格评价中心培训管理处　李良华

出租汽车是香港公共交通服务的重要一环。目前全港共有出租汽车18138辆,实行市区、新界和大屿山分片区运营,并用不同车身颜色区分。每辆出租汽车限载5人,平均日客运量约一百万人次。

特区政府对出租汽车管理实行"五个统一",即统一发放出租汽车驾驶执照、统一确定出租汽车收费价格、统一规定出租汽车车型、统一划定出租汽车经营范围和车站、统一配额拍卖运营牌照。

## 一、管理体制及立法情况

### (一)管理体制

1. 运输及房屋管理局、运输署。出租汽车管理实行决策与执行分离制度,分别设有政府总部(决策局)和政府部门(执行局)。其中,运输及房屋管理局作为决策部门,负责制定与运输相关的政策。运输署作为出租汽车管理的执行机构,负责签发出租汽车驾驶执照及车辆牌照等,下设行政及牌照科、巴士及铁路科等部门。

2. 交通咨询委员会。特区政府组建了交通咨询委员会(交咨会),负责就有关交通政策问题(如出租汽车运行模式、服务质量、管理方式等)提供决策咨询。交咨会下设道路安全及交通管理组、公共交通服务组和交通投诉组。其中,交通投诉组负责处理与交通运输有关的投诉及建议,组内设投诉事务部与研究及统计部。

3.优质出租汽车服务督导委员会。为提高出租汽车驾驶员素质，促进优质出租汽车服务，于1999年成立了优质出租汽车服务督导委员会。委员会成员包括各出租汽车商会（工会）、香港旅游发展局、消费者委员会、区议会、运输及房屋管理局和运输署的代表。委员会的主要目标是促进出租汽车行业团结一致、改善出租汽车驾驶员形象、提高出租汽车服务质量、提倡优质出租汽车服务。

除上述部门与行业组织外，警务处等政府部门负责对出租汽车驾驶员的交通行为等进行管理。

### （二）立法情况

《香港法例》第374章《道路交通条例》和第375章《道路交通（违例驾驶记分）条例》，对有关出租汽车管理作出了规定，并对政府部门出租汽车管理职权进行了明确界定，如授权运输及房屋管理局可根据实际需要编制修订《道路使用者守则》等制度。

《道路交通（违例驾驶记分）条例》对出租汽车驾驶员从业过程中出现的交通违例行为进行了规定，并建立了违例驾驶记分制度。驾驶员触犯某些交通条例，除有关违例事项应受到惩罚外，还将被记分。当记分超过一定数值后，必须参加指定的"驾驶改进课程"。

## 二、资格管理

### （一）申请条件

要取得出租汽车驾驶员资格，申请者须持有私家车驾驶执照三年以上，并在考试日期之前的五年内，没有触犯《香港法例》第374章《道路交通条例》第36条（危险驾驶导致他人死亡）、第39条（在酒精或药物影响下驾驶汽车）及有关的附则，方可申请考试。

## (二)资格考试

通过考试，确保出租汽车驾驶员不仅能安全有效地驾驶车辆，而且熟悉香港的街道分布及与出租汽车驾驶相关的法律法规。考试采用触摸屏计算机作答，考试时间为70分钟。考试分为三部分，分别是10道出租汽车法规试题（答错不超过1道为合格）、32道交通地理试题（答错不超过3道为合格）和100道道路使用者守则试题（答错不超过5道为合格）。当三部分考试均合格时，可申领出租汽车驾驶执照。

为便于申请人备考，运输署编印了《出租汽车法规》和《道路使用者守则》，并开发了模拟计算机考试光盘供考生练习使用，地政总署测绘处出版了《香港街与地方》等书籍。

## (三)从业管理

《香港法例》规定了出租汽车驾驶员行为不当的罚则，要求出租汽车驾驶员不得有以下行为：兜客、拒载（拣客）、滥收车费；不采用最直接的路线前往目的地；未获乘客同意让其他乘客共享出租汽车、干扰计价器或使用不符合规定的计价器；不采取一切合理的预防措施来确保乘客安全以及行为不检点，如在出租汽车车厢内吸烟等。

与其他驾驶者一样，出租汽车驾驶员若触犯某些交通罪行，除会被处以罚款或监禁外，还会被记录违例驾驶分数。

## 三、行业服务质量提升

为提升香港出租汽车服务质量，优质出租汽车服务督导委员会、运输署和各出租汽车商会合作举办一系列优质出租汽车服务活动，如开展全港优秀出租汽车驾驶员选举、优质出租汽车服务研讨会、出租汽车驾驶员嘉许计划等活动，在出租汽车站设置出租汽车乘客信息电子显示屏和信息牌，派发《香港出租汽车服务指南》、出租汽车驾驶员职业普通话和英语光盘及小册子、出租汽车乘客信息传单，出版《出租汽车季刊》等。

### （一）出租汽车驾驶员服务规范

编制出版了《香港出租汽车服务指南》，为出租汽车驾驶员、乘客提供了指引。该服务指南分别从出租汽车经营范围、驾驶员责任及须注意的行为等22个方面进行了介绍，对出租汽车驾驶员提出了8个方面共42条服务标准要求。驾驶员应保持个人整洁，保持车辆清洁和舒适，待客以礼，采用最直接或乘客指定的路线，主动向乘客提供协助，提供一个安全和平稳的旅程，遵守出租汽车条例和保持良好体格。

### （二）出租汽车驾驶员嘉许计划

每年举办"出租汽车驾驶员嘉许计划"，对有良好职业操守和行为表现的出租汽车驾驶员予以表彰，如出租汽车驾驶员向乘客提供优质服务、主动向残疾乘客及意外受伤者提供协助、协助警方制止犯罪行为等。

该计划由社会公开提名。运输署在核实提名信息后，参照出租汽车驾驶员服务标准对提名人选的从业行为和职业表现进行核定，并对该驾驶员过去三年的驾驶及投诉记录情况予以审核，向优质出租汽车服务督导委员会推荐表彰驾驶员名单。优秀出租汽车驾驶员能获得由运输署颁发的带有"优秀的士司机"标志的出租汽车驾驶执照，并在颁奖礼上获得奖杯和奖品。

### （三）出租汽车驾驶员培训

优质出租汽车服务督导委员会联合香港职业训练局实施"技能

提升计划",开设了"高级出租汽车驾驶员综合课程"培训,提供两天全日制及晚间制课程(每周16学时晚间课程)。课程内容包括:安全驾驶习惯、车辆检查和维修、液化石油气出租汽车的特性、出租汽车驾驶员的行为和服务标准、出租汽车法规、保险索偿和环境保护、紧急或意外事故的处理技巧、职业安全与健康等。课程费用的70%由政府资助,每位学员需缴付大约200元学费。在职出租汽车驾驶员还可参加"驾驶改进计划"中的培训课程,一般为8学时课堂培训,旨在改善其驾驶态度并增进道路常识,教学内容侧重于驾驶安全。

此外,特区政府、优质出租汽车服务督导委员会和香港旅游发展局(旅发局)推行多项计划,协助出租汽车驾驶员提升职业语言能力。如旅发局向出租汽车业界派发以五种文字(即繁体及简体中文、英语、日语和韩语)出版的《好客出租汽车路路通——香港旅游翻译手册》(《旅游翻译手册》),以及运输署与优质出租汽车服务督导委员会联合推出的"出租汽车驾驶员职业英语及普通话课程"光盘等,使出租汽车驾驶员也能为非粤语乘客提供优质服务。

(本文发表于2010年第6期《职业资格研究动态》)

# 国内职业经理人资格制度简介

交通专业人员资格评价中心公路职业资格处　李迪斯

国内开展的各种职业经理人资格认证虽然种类繁多、各具特点，但在制度建设上存在很多共性。现对国内职业经理人资格名称、等级划分、报考条件、考核评价方式、证书授予和后续管理等介绍如下。

## 一、资格名称

资格名称代表其专业或领域，也显示出该资格的定位。从目前国内已有的职业经理人资格来看，大多数职业经理人资格或以行业名称命名，或以通用名称命名。例如，中国物流职业经理资格、煤炭行业职业经理人资格、中国餐饮业职业经理人资格和中国饭店业职业经理人资格以所属行业名称命名；中国职业经理人资格和中国商业职业经理人资格以通用名称命名。

但有的资格名称既有通用资格也有面向具体专业或行业的资格，例如中国企业职业经理人资格就包括了通用职业经理人和具体专业的营销职业经理人、财务职业经理人。

## 二、资格评定方法

目前，在国内开展的职业经理人资格的评定方法可以归纳为3种，即综合评定法、考试评定法以及两种方法相结合的评定方法。

## （一）综合评定法

煤炭行业职业经理人资格分 4 个等级：准职业经理人、初级职业经理人、中级职业经理人和高级职业经理人。申报者获取资格须经本人申请、资格审核和认证培训，须根据学历、经历、资历、职称、培训情况和业绩水平等条件申请相应等级的证书。资格评定采取考试测评与业绩考核相结合的方法，其中知识测试、能力测评和业绩考核三项的加权分数是综合考评的核心指标（不对准职业经理人的申报者进行定量业绩考核）。

中国职业经理人资格也划分为 4 个等级：初级、中级、高级和特级。初级资格主要通过考试进行认定，辅以学历、资历和培训情况等相关条件要求。中级资格的认定除上述要求外，还须提交案例报告进行评审。高级和特级资格主要通过案例报告评审和相关条件进行综合评定，特级资格还需对业绩进行考核。中、高、特级的申请者还须经过综合素质测评，其结果仅作为申请者未来发展的参考。

中国企业职业经理人资格划分为准职业经理人、职业经理人和高级职业经理人 3 个级别，另外还增设高级职业经理人（特殊贡献人才）。该资格认证也采取综合考评方式，但侧重点不同。职业道德的权重增加，与知识、能力和业绩同列为一级指标计算加权平均成绩；高级职业经理人申报者由认证专门机构组织认证考试及测评，而其他级别的申报者则参加全国统一认证考试；特殊贡献人才主要通过其经营管理业绩进行考核认定，不再参加认证考试和测评。

中国商业职业经理人资格分 3 个等级：初级、中级和高级。申报人主要根据本人的学历、资历、经历申报不同级别资格并参加培训。初级资格的申报者在参加完培训后通过统一组织的闭卷考试即可获得证书；中级资格的申报者则须在培训后通过知识考试和"中层领导者能力测验"，并提交一份认定专家推荐意见方能获取证书；

高级资格的认定采取综合评定的办法，申报人须参加高级管理者能力发展评估测试，并在规定时间内完成命题论文，有关部门对上述结果以及两位专家的推荐意见进行评定后确定是否颁发证书。

## （二）考试评定法

中国物流职业经理资格分为初、中、高3个级别，资格评定主要采取考试评定法。只要申报者符合报考条件并通过规定科目的考试就可以获得相应级别的证书，而且该资格不强制要求培训，申报者可以通过自学备考。物流职业经理资格的特色是与学历教育挂钩，并建立了与相关国际知名证书之间的互认和转换机制，与以上学历、证书的互认均须参加全国统一考试。

中国饭店业职业经理人资格根据学历、经历、资历、培训情况和经营业绩划分为初、中、高3个级别，主要采取培训与考试相结合的方式进行认定。其资格审核条件并不严格，对于不满足学历、经历或资历要求的申请者可以参加专业培训进行弥补，最终硬性的认定条件只有考试成绩。

## （三）综合评定法与考试评定法相结合

中国餐饮业职业经理人资格分为面向行业外人员和行业内人员两个体系，两个体系中均划分中、高两个级别。面向行业外人员的资格，申报者只需通过特定科目的全国统考就可获得相应级别的资格证书，通过考试取得资格证书的同时也可在自学考试餐饮管理专业中获得相应课程的学分。而另一体系主要针对行业内富有经验的中高层人员，采取现场评审和论文评审的方式进行资格认定，主要依据是现场评审成绩、学历、年龄、工作年限、职称、经历和论文发表情况等。

## 三、后续管理

上述介绍的各种职业经理人资格在后续管理上有共同点,它们均在相关部门官方网站上建立相应的职业经理人档案库,供社会和有关部门选人用人时参考。同时,也有各自的特点:

中国职业经理人资格证书有效期为长期,持证者需按照规定在一年内参加相应次数的专题讲座和联谊会。资格认证管理办公室在每年第四季度按规定对持证人进行一次年检。

中国餐饮业职业经理人资格实行注册制度,资格证书有效期为 5 年。有效期满后,由国家认可的专门认定机构进行考评、复查,合格者保留原资格。未通过考评、复查者,降级或取消其相应职业经理人资格。

中国饭店业职业经理人在 5 年注册期内需完成 40 标准学时的继续教育,并在注册期满半年前到原注册机构申请继续注册。对严重违规违纪者经相关机构讨论后,公布除名,取消资格。

中国物流职业经理职业资格的注册管理相对较为宽松,注册期为 5 年,证书持有者要在期满前 6 个月提交仍在从事该行业工作的证明文件,经过审核后重新注册登记。

## 四、启示

(一)建立健全完备、权责分明的组织机构和运行机制是保证职业经理人资格认证工作有序、高效运转的前提。道路运输经理人的建设应该重视职业资格专门机构的作用,由职业资格专门机构负责技术性、事务性工作,为保障道路运输经理人资格认证工作质量提供重要支持。

(二)建立适用于道路运输职业经理人的分级制度以及相关考评

办法，在确保职业经理人资格评定科学性的同时，调动不同层次人员的申报积极性。要保证资格评定的科学性首先就要进行科学的等级划分并设计有针对性的考评办法。等级划分和考评办法不具科学性和合理性将严重影响资格认定的可行性，最终导致资格不被社会认可。而在保证认证工作科学性的前提下应当设置与不同级别相匹配的考评办法，有利于提高申报人员的积极性，争取行业从业人员认可。

（三）道路运输行业关系人民生命财产安全和公众利益，因此必须建立严格可行的动态管理制度，保证职业经理人在规范经营管理的同时及时更新业务知识，不断提升行业从业人员职业素养和知识能力水平，增加行业的社会认可度，吸引更多人才加入该行业，增强资格认证的生命力。

（本文发表于2011年第1期《职业资格研究动态》）

# 机动车驾驶教练员职业素质及其评价研究

交通运输部职业资格中心考务管理处　温晓亮　郝鹏玮

加强机动车驾驶教练员队伍建设，全面提升其整体素质，提高机动车驾驶培训质量，对于夯实道路交通安全基础具有重大意义。研究机动车驾驶教练员的职业特征及从业人员应具备的素质，有利于有效开展职业培训和职业资格考评，切实提升机动车驾驶教练员队伍整体水平。

## 一、机动车驾驶教练员的职业特征

2009年，人力资源社会保障部将"机动车驾驶教练员"列为新增职业。在《国家职业分类大典》中，机动车驾驶教练员的职业编码为X6-24-01-02，职业定义是："利用机动车辆及辅助教学设备，采用多种教学手段，向培训对象传授道路交通安全知识和安全驾驶技能的人员"，从事的工作主要包括："第一，利用多媒体教学设备、汽车驾驶模拟器、互动教学磁板、驾驶培训计时管理系统、考试自动化系统等教学手段进行理论教学活动；第二，利用各种机动教学车辆、教练场地、公共道路及交通设施进行实际驾驶教学活动；第三，制定并组织实施教学计划，讲授机动车驾驶知识，传授驾驶技能，提高培训教学管理水平。"

从工作内容来看，作为一名优秀的机动车驾驶教练员，除了要掌握机动车相关知识和驾驶技能，还需要钻研教学原理和方法，探究如何才能更好地根据学员特点传授知识和技能。因此，就其职业特征来讲，机动车驾驶教练员属于职业教育中的"双师型"人才，即教师型和技师型人才，既要有从事教育工作的理论水平和能力，又要有技师的实践技能。这种职业性质决定了其应具备多方面的素质。

## 二、机动车驾驶教练员应具备的素质

关于机动车驾驶教练员应具备的素质，我们用"驾驶教练员素质"、"汽车教练员素质"等关键词在有关数据库进行搜索，得到了近15年来共计45篇相关文献。经过归纳综合，机动车驾驶教练员素质共包括专业知识、驾驶技能、教学能力、情绪智力、工作风格5大类22项。

### （一）专业知识

专业知识，指从事机动车驾驶教练员职业应掌握的相关知识，包括以下4个方面内容。

（1）机动车基础知识，包括车辆基本构造、车辆性能、主要安全装置、驾驶操纵装置等知识；

（2）道路交通安全法律法规和规章，包括《中华人民共和国道路安全法及实施条例》、《道路交通安全违法行为处理程序规定》、《道路交通事故处理程序规定》、《机动车驾驶证申领和使用规定》等；

（3）安全文明驾驶知识，包括在各种情况下的安全行车、文明礼让及常见交通标志、标线和交警手势等相关知识；

（4）危险化学品知识，包括常见危险化学品的名称、特性等常识以及运输过程中的注意事项。

### （二）驾驶技能

驾驶技能，是指机动车驾驶教练员教授学员的主要内容，包括以下 5 个方面内容。

（1）基础驾驶技能，包括正确的驾驶姿势、操纵装置的操作、行车前车辆检查与调整等内容；

（2）恶劣气象和复杂道路条件下的安全驾驶，包括通过桥梁隧道、高速公路安全驾驶，在山区道路、夜间及雨雪等恶劣气象条件下的驾驶等内容；

（3）紧急情况下的临危处置，包括险情的预测与分析、紧急情况避险方法、高速公路驾驶紧急避险等内容；

（4）发生交通事故后的处置，包括事故处置办法、伤员自救和急救等内容；

（5）机动车维修保养能力，指掌握一般的机动车运行途中排除故障的方法及维修保养车辆的实际技能。

## （三）教学能力

教学能力，是指机动车驾驶教练员向学员传授道路交通安全知识和安全驾驶技能的能力，包括以下 5 个方面内容。

（1）组织管理能力，指机动车驾驶教练员能够按照新大纲要求，精心组织教学，使教学过程科学合理，遵从人的认知规律，利于学员掌握，以及遵循先易后难等教学设计方面的能力；

（2）语言表达能力，指教练员在讲解时能够用词准确、语意明白、结构妥帖、语言简洁、文理贯通、合乎规范，能把客观概念表述的清晰、准确、连贯、得体，没有语病，讲解能够由浅入深，讲解中的动作、表情自然，语言和动作相互配合；

（3）操作演示能力，指教练员在示范每一个动作时，都能做出鲜明、准确、规范的分解动作和连贯动作；

（4）因材施教能力，指教练员具有了解学员训练情况和个性特点的洞察力，能分析掌握学员的心理和特性，根据学员的不同气质，

灵活组织教学;

（5）总结思考能力，指教练员能够分析工作中出现的问题，总结经验教训，能够针对训练中学员不过关较多的项目，积极查找问题改进训练方法，能主动思考例如"如何纠正有驾驶经验学员的错误操作习惯"，"如何消除学员的紧张心理"，"教练怎样讲话才能更让学员接受"等类问题。

（四）情绪智力

情绪智力（又称情商），指机动车驾驶教练员在教学过程中对自己情绪和他人感受和想法的洞察能力，包括以下3个方面内容。

（1）沟通能力，指机动车驾驶教练员能够协调好和学员之间的关系，营造融洽的学习气氛，针对学员的疑问，能够微笑面对、耐心倾听、悉心指导，对学员做得好的地方不吝赞美表扬，当学员受挫时能帮助学员调整心态，缓解压力，走出操作不当的误区，并鼓励学员从多角度和多种思维看问题;

（2）心理素质，指机动车驾驶教练员能够正确体察学员心理状况，在训练中注意观察学员心理变化，做好预见性教学，有意识地注重应急情况下学员心理素质的培养，加强学员正确观察、判断车速与车距的能力训练，正确分配和转移注意力的能力训练，以及突发情况下采用恰当应急处理方法的能力训练等。心理素质训练对于提高安全行车能力具有重要意义;

（3）情绪控制能力，指机动车驾驶教练员能够了解自己情绪变化状况，具有控制情绪的能力，可以明白并接纳学员的不同特性，去除心中对学员的不合理期待，不要因其达不到要求而愤怒，不将情绪发泄在学员身上。

（五）工作风格

工作风格，指机动车驾驶教练职业要求从事该职业者应具有的个人特征，包括以下5个方面内容。

（1）服务意识，指机动车驾驶教练员能够尊重人、关心人、有爱心，能够摒弃传统落后的封建师徒观念，建立新型师生关系，真正关心学员的成长，文明组织教学；

（2）安全意识，指机动车驾驶教练员具有强烈的安全意识和安全观念，把对学员的安全教育放在头等地位，一是在训练中能保证车况良好，勤检查，勤保养，特别是加强对关键部位（如制动系、转向系、传动系及灯光信号）的检查，能防患于未然，使教学工作得以安全顺利地进行，二是能对各种可能出现的突发情况有预见性，对学员予以预见性提示，并有处理突发事件的能力，确保行车的安全；

（3）责任感，指机动车驾驶教练员有清晰的岗位意识，能充分认识到严格教学要求、培养学员练就过硬驾驶技术是对学员有限生命的珍惜，也是其应尽的社会责任；

（4）耐心，指机动车驾驶教练员能对学员耐心指导，手把手地教，面对面地讲，能够理解学员的难处，鼓励进步较慢的学员，倾听学员的各种疑问并耐心解答；

（5）自我控制，指机动车驾驶教练员能以身作则，在整个教学过程中，规范驾驶，遵纪守法，从教学员起步开始，就严格按操作规范进行示范讲解与教学，时刻把正确驾驶动作的掌握和"安全第一"的意识放在心上。

### 三、机动车驾驶教练员的评价

#### （一）构建机动车驾驶教练员胜任力模型

开展职业资格考试，首先需要科学、合理地界定职业行为的范围、性质和要求，对机动车驾驶教练员的职业行为或工作表现进行全面、系统的分析，据此描述出实际工作过程中所要承担的任务和需要具备的能力。

通过对机动车驾驶教练员这一职业进行工作分析，在文献研究的基础上，展开对机动车驾驶教练员胜任特征的研究，构建出机动车驾驶教练员胜任力模型，从而科学界定资格考试的内容领域，使其符合实际需要和实践应用的知识与技能，提高机动车驾驶教练员考评的内容效度。

### （二）研究机动车驾驶教练员的评价方式

根据人力资源社会保障部和交通运输部制定的《机动车驾驶教练员国家职业技能标准》，机动车驾驶教练员的鉴定方式分为理论知识考试和技能操作考核。理论知识考试采用计算机上机闭卷考试方式；技能操作考核采用现场实车操作或驾驶模拟操作方式。

这两种方式可以有效地考察机动车驾驶教练员的专业知识和驾驶技能，但是对于其应具有的教学能力、情绪智力和工作风格难以评价。另外，对于职业道德，考试主要是考核教练员对职业道德基本知识的掌握情况，但是认知层面的熟悉不能代替内心真实的态度和实际真正的行为。如何有效全面地对机动车驾驶教练员进行评价，值得进行深入研究。

（本文发表于 2013 年第 18 期《职业资格研究动态》）

# 基于成人特点的职业资格考试和继续教育管理与技术研究概述

交通运输部职业资格中心人才评价研究处　黄磊

冯正霖副部长在部职业资格制度领导小组第五次会议上强调，要准确把握职业资格工作规律。职业资格考试是面向成人的考试，继续教育是面向成人的教育。这是职业资格考试和继续教育的基本特征，也是把握职业资格工作规律的基础。

## 一、成人特点在职业资格考试和继续教育中的体现

本研究关注的成人指16岁至60岁的适龄劳动者。一般来讲，相对儿童和老人，成人在心理、生理、社会性等方面有着显著特点。

（一）具备成熟独立的人格。在考试和继续教育过程中，成人表现出较强的独立性、自主性。成人在学习时不再体现出对教师的依赖，能强烈地意识到自己的学习需要，有清晰的学习目的和目标。

（二）学习和提高动机充足，自我管理能力较强。成人的学习与提高动机同时来自内部和外部，其内部动机是自我发展和提升的需要；外部动机是职业对自身能力要求的不断提高。成人有充分的自我约束和计划能力，能制定自身职业发展规划并坚持付诸实施。

（三）记忆力差但理解力强。由于年龄原因，成人的机械记忆较青少年差，并会随年龄增长逐渐下降，但由于职业经验和社会阅历的积累，成人理解能力和动手能力均较青少年强。

（四）以问题为导向来学习。成人继续教育与学历教育不同，成

人对自身所从事职业的知识、能力体系已经有了认识,并且掌握了体系内的大部分内容以保证能够胜任该职业。在继续教育中,成人大多是带着在工作中遇到的问题来学习,他们会把大部分精力放在学习自己关心的技术问题和新知识上。

(五)学习时间少且零散。成人不同于青少年,他们的大部分精力要放在工作而非学习上,学习时间少,且很难在每天或每周安排固定时间学习。

(六)对考试存有一定的畏惧心理。成人自尊心较强,很多人认为在职业资格考试中失败会受到同行的低看,造成心理负担,甚至有些考生不惜冒险在考试中作弊,造成更消极的后果。

## 二、职业资格考试管理与技术改进建议

(一)做好职业资格考试宣传工作,提高社会认可度。目前,很多职业资格考试缺乏宣传,有些考试的公开信息仅限于每年一次的考试公告和成绩公布,缺乏对考试功能的宣传。实际上考试的功能非常丰富,除了解自身能力是否达到某种要求外,还能让考生了解自身水平在同行中的位置,是从业者证明自身价值的有效途径;考试还能分析考生的强项和弱项,帮助考生详细了解自身能力水平等等。当考生了解到考试更多的有益功能,就会提高职业资格考试的认可度,消除恐惧心理,主动参与到考试活动中,了解自身能力,促进职业能力不断提高,形成良性循环,进而提高全行业从业人员队伍素质,让职业资格在交通运输行业社会管理中的作用不断显现。

(二)考试试题综合化,契合职业活动和成人思维模式。目前的职业资格考试试题大多基于职业标准或考试大纲中的知识点逐条命制,不同知识点间关联性不强。这样做的好处是试卷结构完整、试题库成体系并能保证试卷知识点覆盖率;缺点是每题所述只是考生

在实际中遇到问题的一小方面，难以考查考生综合能力。结合成人以问题为中心的思维模式，建议职业资格考试试题综合化，增加案例分析、问题解决等综合性试题，一方面提高试卷与职业活动的契合度，另一方面让成人在考试中更好地发挥自身水平。

（三）完善考试考务工作，降低成人考生负担。一是推广随到随考的职业资格考试信息化系统，降低成人参加考试的时间成本。二是优化纸笔考试形式，如完善答题卡模板，让答题卡更易懂易用；摆放符合成人身材的考场桌椅等。三是严肃考试纪律，保证考试公平公正，提高职业资格社会公信力，将考生作弊行为记入从业人员诚信档案。

### 三、职业资格继续教育管理与技术改进建议

（一）基于成人思维模式特点的课程设置。参与职业资格继续教育的学员是已获职业资格的从业者，这部分人员已有一定的职业知识、能力基础，故继续教育的课程设置应有别于学历教育，要破除知识体系框架的限制，形成专题讲座模式，每个专题围绕一个技术问题或一种新技术来讲解。这种模式与成人的工作实际联系紧密，符合成人机械记忆差但理解能力强的特点，使成人更易掌握。有研究显示，在成人群体中，问题教学法具备可行性且教学效果显著好于传统的讲授式教学法。

（二）符合成人心理行为特点的教学方式。成人学习的自主性和自我约束力强，继续教育教师不需扮演监督者的角色，故可把精力集中在教学上。教师和学员间单纯的教学关系及成人学习时间少且不固定的特点，使得继续教育更适合网络授课的教学方式。在网络教育中，学员可灵活安排课程学习时间、学习地点和学习内容，最大限度地保证学员学习要求。另一方面，相比学历教育中被动灌输，

成人在教育中主动性更强，更渴望参与讨论，故建议在一个继续教育周期中至少为学员安排一次谈论，一是便于学员对继续教育内容发表学习体会，二是有助于学员同行间的职业交流。

无论是职业资格考试还是继续教育，都是职业资格制度的一部分，好的职业资格制度应该能够指导和促进从业人员的职业发展。在交通运输行业职业标准不断完善的背景下，职业资格考试能够给出行业从业人员职业能力的水平评价，从业人员在考试结果中了解自身强项和弱项后，即可在继续教育中有的放矢地学习提高，对照职业标准促进自身职业发展。

（本文发表于 2014 年第 1 期《职业资格研究动态》）

# 行政许可类职业资格制度初探

交通运输部职业资格中心人才评价研究处　何朝平

行政许可类职业资格制度是市场经济条件下政府为维护公共利益和社会秩序，维护专业技术人员和技能人员合法权益，加强人才队伍建设设立的一项行政许可制度。

## 一、行政许可类职业资格制度的设置

主要经济发达国家特别是东方国家，都对那些可能对公民权益和国家利益造成难以挽回损失的职业设置准入条件。韩国1973年颁布实施《国家技术资格法》，目前已经形成了以该法和《国家技术资格法施行令》《国家技术资格法施行规则》为主要内容的职业资格法律法规体系。日本1985年颁布实施《职业能力开发促进法》，目前已经形成了以该法和《职业能力开发促进法施行细则》为龙头，覆盖厚生劳动省、国土交通省、文部科学省等几乎各行各业，设置了100余项资格许可条件的职业资格法律法规体系。

《中华人民共和国行政许可法》第十二条第三款规定，对提供公众服务并且直接关系公共利益的职业、行业，需要确定具备特殊信誉、特殊条件或者特殊技能等资格、资质的事项，应当设定行政许可。《国务院办公厅关于清理规范各类职业资格相关活动的通知》（国办发〔2007〕73号）明确，对涉及公共安全、人身健康、人民生命财产安全等特定职业（工种），国家依据有关法律、行政法规或国务院决定设置行政许可类职业资格。综合考虑公众利益关切度、职业化程度、政府干预与社会意愿的契合度，设置行政许可类职业资格的标准应当是：

（一）普通许可性行业中的职业。包括：污染和其他公害的防治、生态环境保护等行业中的职业；金融、保险、证券等涉及高度社会信用等行业中的职业；爆炸性、易燃性、放射性、毒害性、腐蚀性等危险品的生产、储存、运输、使用、销售以及其他涉及公民人身健康、生命财产安全等行业中的职业；涉及公民人身健康、生命财产安全、公共安全和国家安全的其他职业。

（二）核准性专业行为中的职业。包括：涉及公民人身健康、生命财产安全、公共安全和国家安全的特定技术标准、技术规范的判断、审核、认定等专业行为中的职业，如：消防验收、生猪屠宰检疫、电梯安装运行标准、水库大坝竣工验收等。

（三）有特殊信誉、特殊条件或者特殊技能要求的职业。包括：未经特殊训练和心理、身体素质检验合格，从事的职业可能危及本人及他人生命安全的职业，如：飞行、交通、救生、高空作业、水下作业等。

## 二、行政许可类职业资格制度的监管

党的十八届三中全会通过的《中共中央关于全面深化改革若干重大问题的决定》，强调"政府要加强发展战略、规划、政策、标准等制定和实施，加强市场活动监管，加强各类公共服务提供。"根据这一要求，行政许可类职业资格制度的监管内容应当包括4个方面：一是从业人员资格审查、考试的监管；二是国家授权机构资质和认可行为的监管；三是从业人员职业行为信息的有效采集和评价；四是从业人员执业行为的有效监管。

加强对从业人员资格审查、考试的监管，就是要按照依法设置、从严把握的原则，强化技术、安全等岗位从业人员市场准入条件和职业标准；按照公开、公平、公正的原则，加强考试命题、组织、阅卷以及证书发放等全流程管理，严格职业资格考试程序，加强职业资格考务管理。

加强对国家授权机构资质和认可行为的监管，就是要推进职业资格考试承办机构和管理机构法制化、专业化、规范化。许可公民取得特定的职业资格，以及评价公民特定的知识、技能或者专业技术水平的事项，必须由考试举办机关及其授权的考试服务机构依法进行。

加强对从业人员职业行为信息的有效采集和评价，就是要以职业资格考试为从业人员信息采集的源头，以注册（登记）为信息更新的重要渠道，建立健全从业人员职业资格基本信息、职业资格证书注册管理、继续教育管理、诚信考核等数据库，实现与综合执法等信息系统的联网数据共享和工作协同。

加强对从业人员执业行为的有效监管，就是要建立实施职业资格注册管理和从业管理制度，完善从业权利保障机制和违法违规从业惩戒制度，及时清理存在重大安全风险和安全管理不良记录的从业人员，规范从业人员行为，维护良好市场秩序。

（本文发表于 2014 年第 5 期《职业资格研究动态》）

# 市场准入与从业人员职业资格制度

交通运输部职业资格中心人才评价研究处　何朝平

党的十八届三中全会通过的《中共中央关于全面深化改革若干重大问题的决定》，强调要处理好政府和市场的关系，使市场在资源配置中起决定性作用和更好发挥政府作用。特别提出要适应加快完善现代市场体系的要求，建立公平开放透明的市场规则，实行统一的市场准入制度；适应加快转变政府职能要求，健全宏观调控体系，强化节能节地节水、环境、技术、安全等市场准入标准。这是从发挥市场资源配置决定性作用和更好发挥政府作用两个角度，对市场准入提出的更高要求。

## 一、市场准入的由来

（一）全球化视角下看市场准入。市场准入一词来源于英文"Market Access"，是我国在申请恢复关税与贸易总协定谈判（GATT）过程中翻译过来使用的。"Market Access"的表述，最早出现在关税与贸易总协定乌拉圭回合（1994年）达成的《服务贸易总协定》（GATS）中。在全球化视角下，市场准入是独立经济体向世贸组织其他独立经济体作出的市场开放承诺，一般是指一方成员允许另一方成员的货物、劳务与资本进入本国（地区）市场的法律规范。

（二）市场化视角下看市场准入。在我国传统计划经济条件下，社会结构是以组织或单位为基础的。单位作为社会结构的基本单元，成为社会和技术责任的承担者。个人接受指令性任务，不考虑市场竞争，不参与人才流动，是不具备独立社会责任的"单位人"。在社会主义市场经济条件下，个人成为独立的"社会人"，劳动力成为一种资源，在职业岗位多样化、从业人员社会化、人员择业自主化的新形势下，市场调节供求的人力资源配置体系开始逐步形成。在市场化视角下，市场准入是一种市场监管。市场经济条件下的市场准入，不仅包括产品市场准入、资本市场准入、企业市场准入，还包括人员市场准入。

（三）行业视角下看市场准入。2000年10月1日实施的《公路建设市场准入规定》，是我国第一个关于某个行业领域市场准入的专门规定。该规定第三条明确："公路建设市场准入是指对项目法人的资格审查和对从业单位的资信登记。资格审查是指政府交通主管部门对进入公路建设市场的项目法人的机构设置、人员配备和管理能力的审核确认。资信登记是指政府交通主管部门对进入公路建设市场的从业单位的资历、能力和信誉的审核确认。"该规定侧重的是对法人作为公路建设市场主体的市场准入。除交通运输行业外，工商、银行、建设、文化等行业分别出台了市场准入相关政策。在行业视角下，市场准入是政府对市场主体进入行业的规制。

## 二、市场准入的核心要素

（一）市场准入的主体是政府。市场准入是一种政府规制，必须由政府实施。市场准入制度是政府对市场主体资格审核和确认的法律制度，包括市场主体资格的实体条件和取得主体资格程序条件。

（二）市场准入的动因是政府为了克服市场失灵。市场准入是克服市场配置资源缺陷的一种不可或缺的制度安排。市场失灵表现出的自然垄断、负外部性、信息不对称或不完全信息，需要政府规制，实现发挥市场资源配置决定性作用和更好发挥政府作用的融合。

（三）市场准入的依据是标准。党的十八届三中全会通过的《中共中央关于全面深化改革若干重大问题的决定》指出，政府要加强发展战略、规划、政策、标准等制定和实施，加强市场活动监管，加强各类公共服务提供。通过标准，明确准许什么、限制什么、违反标准制裁什么。标准在国内市场准入中表现为各种法律、法规、规章和制度；在国际市场准入中表现为国际条约、双边协定及国际承诺。

（四）市场准入的对象是拟进入市场的市场主体、货物、服务或资本等。对市场主体、货物、服务或资本等进入关系环境、安全、生命、健康的特定行业，政府直接监督管理。

（五）市场准入的规制标准是动态的。随着经济社会发展水平、产业发展水平和市场主体发育程度的变化，市场准入的规制标准也在动态变化，原来属于市场准入的领域可能不再实行政府规制，原来没有纳入政府规制的领域也可能纳入市场准入规制。

### 三、从业人员市场准入

无论是全球化视角下的劳务市场准入，还是市场化视角下的自然人作为市场主体的准入，落实到行业中，都涉及从业人员市场准入。1993年11月党的十四届三中全会通过的《中共中央关于建立社会主义市场经济体制若干问题的决定》，首次提出要制订各种职业的资格标准和录用标准，实行学历文凭和职业资格两种证书制度，将职业资格制度确立为社会主义市场经济条件下从业人员市场准入的基本制度。

（一）从业人员市场准入坚持依法管理。经济发达国家和地区的从业人员市场准入制度都有着强有力的法规体系作为基础和保障。

日本产业立法时特别注意写入职业资格要求，美国对不同的职业资格建立了若干个单项法规。这些法律法规不仅明确规定了职业名称的定义、受控制的专业行为、职业资格注册的条件，而且还规定了政府行业主管的职责，明确了用人单位的责任。这些国家的经验表明，依法管理有利于职业资格制度科学化、规范化，法制基础是维护职业资格制度权威的坚实保证。我国根据依法治国方略，对关键岗位从业人员坚持依法职业准入，《国务院办公厅关于清理规范各类职业资格相关活动的通知》（国办发〔2007〕73号）明确，对涉及公共安全、人身健康、人民生命财产安全等特定职业（工种），国家依据有关法律、行政法规或国务院决定设置行政许可类职业资格。

（二）从业人员市场准入坚持对标规范。《国务院关于加快发展服务业的若干意见》（国发〔2007〕7号）要求，加快推进服务业标准化，建立健全服务业标准体系，扩大服务标准覆盖范围。抓紧制订和修订物流、金融、邮政、电信、运输、旅游、体育、商贸、餐饮等行业服务标准。交通运输行业先后出台了《交通运输部关于改进提升交通运输服务的若干指导意见》和《交通运输部办公厅关于加强交通运输标准化工作的意见》，要求推进交通运输服务、质量、安全标准建设，建立健全覆盖面广、门类齐全的交通运输服务标准体系，颁布一批服务质量标准，规范服务行为，强化服务质量监管。要建立职业标准，确认从业人员作为市场主体的行为能力，确保从业人员的基本素质，保证职业水准。要建立从业规范，规范从业人员从业行为，维护市场秩序，保障国家财产、公共利益和人民生命财产安全。

（三）从业人员市场准入坚持实化抓手。作为从业人员市场准入抓手的职业资格制度，是社会主义市场经济条件下评价、选拔、规制人才的基本制度，是社会主义市场经济条件下提高从业人员素质、加强职业化从业队伍建设的基本制度，是社会主义市场经济条件下充分发挥人力资源配置中市场决定性作用的基本制度，也是社会主义市场经济条件下规范从业人员行为、实现从业人员依法管理自我管理的基本制度。一个完整的职业资格制度体系是由考试制度、注册管理制度、继续教育制度和从业管理制度组成的。这4项制度中，围绕市场准入的主要有两项，一是考试制度，二是注册管理制度。考试制度主要解决从业人员门槛问题。对涉及公共安全、人身健康、人民生命财产安全，有特殊信誉、特殊条件、特殊技能要求的关键职业，实施严格的职业资格考试制度，确保进入行业的从业人员队伍的基本素质。注册管理制度主要解决一次考试终身有效问题，对考试合格取得职业资格证书的人员，只有通过考试并符合身体、职业道德、继续教育、从业规定等注册条件的，行业主管部门才依法给予初始注册、延续注册或变更注册，只有注册者方可从事该职业或继续在该职业从业。

（四）从业人员市场准入坚持国际可比。在经济全球化的时代背景下，包括从业人员市场在内的各种市场不断开放，包括人力资本在内的各种资本在全球范围内流动，包括人力资源在内的各种资源在全球范围内配置。《服务贸易总协定》第七条就职业资格互认协议的谈判和签署等问题作出了5个方面的具体规定，明确提出"签约成员经济体需要认可服务提供者在某特定国家所接受的教育和取得的经验、所达到的要求以及取得的许可证和从业证书"，并要求"签约成员经济体不可以在相互认可的过程中，对不同国家和地区的服务提供者在授权、许可证或从业证书颁发的标准和准则方面有任何歧视，或者对服务贸易进行变相的限制"。建立职业资格制度并与相关国家职业资格实行互认，保护本国市场和从业人员利益，提高参与国际市场竞争能力和扩大在国外的从业机会，是市场经济发达国家的普遍做法和成功经验。我们要用好职业资格制度,合理保护和有效监管从业人员市场。

(本文发表于 2014 年第 10 期《职业资格研究动态》)

# 机动车驾驶教练员职业分析
## ——以北京东方时尚驾校教练员为例

交通运输部职业资格中心考务管理处　温晓亮

在美国职业信息网中,机动车驾驶教练员没有单独作为一个职业,其基本内容包含在"职业教育老师"(25-1194.00-Vocational Education Teachers, Postsecondary)职业中。本文参照美国职业信息网"职业教育老师"的相关内容,结合在北京东方时尚驾校开展机动车驾驶教练员职业调查的结果,对我国机动车驾驶教练员职业作了初步分析。

根据《机动车驾驶教练员国家职业标准》,机动车驾驶教练员是利用机动车辆及辅助教学设备,采用多种教学手段,向培训对象传授道路交通安全知识和安全驾驶技能的人员。本职业的其他名称有机动车驾驶培训教练员、驾驶教练员、汽车教练员等。

### 一、职业基本要求

学历要求:一般要求高中以上学历

工作经验要求:要有与该工作相关的技能、知识或相关工作经历。

培训考核要求:四级(中级工)机动车驾驶教练员需要参加不少于150标准学时的培训;三级(高级工)需要参加不少于120标准学时的培训;二级(技师)需要参加不少于100标准学时的培训;一级(高级技师)需要参加不少于80标准学时的培训。

## 二、工作任务

机动车驾驶教练员工作任务共包含 34 项,根据行业管理部门、企业、协会、院校等多方专家意见,选取最重要的 10 项,见表 1。

工作任务　　　　　　　　　　　　　　　　表 1

| 序号 | 工作任务 |
|---|---|
| 1 | 监控学员正确使用教练车,确保安全 |
| 2 | 研讨驾驶培训教学内容和教学方法 |
| 3 | 根据教学大纲,制订驾驶培训理论教学和操作技能训练的实施计划 |
| 4 | 整合理论教学和操作技能教学课程,让学员获得全面的驾驶技能和安全文明驾驶知识 |
| 5 | 在训练中注意培养学员良好的心理素质,以适应复杂的交通条件,确保驾驶安全 |
| 6 | 解释和执行相关的安全规程和规章制度 |
| 7 | 向学员传授汽车驾驶培训理论、操作技能 |
| 8 | 根据每位学员的优劣势,及时调整驾驶培训教学的进度和方法 |
| 9 | 确定学员的培训需求 |
| 10 | 提供个性化指导、辅导或补救性指导 |

## 三、职业工具

机动车驾驶教练员常用职业工具共有 7 种,见表 2。

职业工具　　　　　　　　　　　　　　　　表 2

| 序号 | 工具 |
|---|---|
| 1 | 教练车 |
| 2 | 多媒体教学软件 |
| 3 | 公开播放和投影设备 |

续上表

| 序号 | 工具 |
|---|---|
| 4 | 互动式汽车驾驶培训模拟器 |
| 5 | 车载仪 |
| 6 | 网络浏览器软件 |
| 7 | 手机 |

## 四、职业活动

机动车驾驶教练员主要的职业活动共10项，见表3。

职业活动　　　　　　　　　　　表3

| 序号 | 工作活动 | 具体描述 |
|---|---|---|
| 1 | 发展和建设团队 | 鼓励并促进团队成员相互信任、尊重、合作 |
| 2 | 建立和维护人际关系 | 与他人开发建设性和合作性的工作关系，并长时间保持 |
| 3 | 帮助和关心他人 | 向同事、客户提供个人帮助、情绪支持或其他个人关心 |
| 4 | 培训和教导别人 | 识别他人的培训需要，开发正式的教育或培训项目或课程，教导他人 |
| 5 | 与上司、同事和下属沟通 | 通过电话、纸质、电子邮件或面对面与上司、同事和下属交流信息 |
| 6 | 辅导和发展他人 | 识别他人发展需要，并且辅导、监督或帮助他人去改进他们的知识或技能 |
| 7 | 协调他人工作活动 | 协调团队成员共同完成任务 |
| 8 | 更新和使用相关知识 | 保持最前沿的技术知识并用于工作中 |
| 9 | 决策和问题解决 | 分析信息和评估结果来选择最好的解决方案并解决问题 |
| 10 | 引导、指导和激励下属 | 为下属提供引导和指导，包括设置绩效标准和监督表现 |

## 五、专业知识

机动车驾驶教练员主要应掌握 10 个方面的专业知识,见表 4。

**专业知识** 表 4

| 序号 | 知识 | 具体描述 |
| --- | --- | --- |
| 1 | 客户及人际服务知识 | 关于提供给顾客或个人服务的原则与过程的知识,包括评价顾客需求、达到服务质量标准及评估顾客满意度 |
| 2 | 心理学知识 | 关于人类的行为和表现的知识,如在能力、人格、兴趣上的个体差异、学习与动机、心理研究方法,以及评估和处理行为或情感障碍 |
| 3 | 法律和政府政策知识 | 道路交通安全、机动车驾驶、驾驶培训等方面的法律、法规、司法程序、先例、行政命令、部门法规等方面的知识 |
| 4 | 教育培养知识 | 课程和培训设计、教学和指导个体与团体,以及培训效果评估等的原则与方法的知识 |
| 5 | 交通运输知识 | 通过道路运输方式运送人与货物的方法与原则的知识,包括相对成本和收益 |
| 6 | 公共安全和保障知识 | 与实施有效的地方(或全国)安保行动相关的设施、政策、手续和策略的知识,目的在于保护人民生命财产安全 |
| 7 | 机械知识 | 关于机动车车辆、驾驶模拟器等机械的相关知识,包括他们的设计、使用、维修和维护 |
| 8 | 汉语知识 | 关于汉语结构与内容的知识,包括字、词的意义和拼写、写作规则与语法 |
| 9 | 人事及人力资源知识 | 关于人员招募、选拔、培训、薪酬与福利、劳动关系与协商、人事信息系统等方面的原则与程序知识 |
| 10 | 媒体传播知识 | 有关媒体制作、通信、传播技术和方法的知识,例如懂得使用媒体平台与学员建立联系,提供延伸服务、分享驾驶技巧、车辆使用知识等内容 |

## 六、职业技能

机动车驾驶教练员主要应具备10项职业技能，见表5。

职业技能　　　　　　　　　　　表5

| 序号 | 技能 | 具体描述 |
|---|---|---|
| 1 | 交谈技能 | 在与人交谈过程中高效传递信息 |
| 2 | 指导技能 | 教导他人如何处理事情 |
| 3 | 主动倾听技能 | 充分注意他人的谈话，花时间理解其谈话的主旨，在适当的时机提出问题，而非粗暴打断他人的讲话 |
| 4 | 服务导向技能 | 积极寻求帮助他人的途径 |
| 5 | 主动学习 | 了解新知识在目前及将来问题解决、决策的重要意义 |
| 6 | 协调技能 | 根据他人行为而调整自身行为反应 |
| 7 | 说服技能 | 说服他人改变其原因观念或行为 |
| 8 | 谈判技能 | 与他人会面协商并设法协调分歧 |
| 9 | 社会洞察技能 | 关注他人反应并理解其反应原因 |
| 10 | 阅读理解技能 | 理解工作文件中的书面句子和段落 |

## 七、职业能力

机动车驾驶教练员主要应具备10项职业能力，见表6。

职业能力　　　　　　　　　　　表6

| 序号 | 能力 | 具体描述 |
|---|---|---|
| 1 | 口语表达 | 通过交谈而传递信息、观点，使他人理解的能力 |
| 2 | 辨色力 | 对比或识别不同颜色之间的差异，包括区分色泽与亮度的能力 |
| 3 | 口语理解 | 倾听并理解口语中所含信息、观点的能力 |
| 4 | 反应速度 | 当出现某信号（声音、光、图画等）时能够快速（用手、手指或脚）做出反应的能力 |

续上表

| 序号 | 能力 | 具体描述 |
|---|---|---|
| 5 | 深度知觉 | 能够判断哪些物体离自己更近,哪些物体离自己更远,或者判断物体与自身之间距离的能力 |
| 6 | 夜视力 | 在低光条件下能够看到物体的能力 |
| 7 | 控制精确性 | 快速反复调整机械或车辆到特定精确位置的能力 |
| 8 | 言语清晰 | 表述清晰以让听众能理解的能力 |
| 9 | 远物视力 | 对远处的事物能够看到其细节的能力 |
| 10 | 外围视觉 | 眼睛直视的情况下,能够看到旁边物体或物体运动的能力 |

## 八、工作环境

90%的从业人员认为对他人健康和安全负高度的责任。

80%的从业人员认为几乎每天都在一个封闭的车辆或设备中。

80%的从业人员认为工作中与他人身体邻近一臂之远或更近。

76%的从业人员认为几乎每天都处在暴露天气的室外环境。

63%的从业人员认为教练员每周工作多于40小时。

60%的从业人员认为与工作组或团队工作很重要。

## 九、从业人员数量情况

根据《交通运输部办公厅关于印发2014年道路运输统计分析报告和资料汇编的通知》(交办运〔2015〕65号),2014年全国教练员人数合计72.4万人（不包括北京、天津），其中理论教练员约4.8万人,驾驶操作教练员约66.4万人,客货驾驶员从业资格培训教练员约1万人,危货驾驶员从业资格培训教练员约0.2万人。

（本文发表于2015年第13期《职业资格研究动态》）

# 从业人员安全素质评价指标体系概述

交通运输部职业资格中心人才评价研究处　黄磊

## 一、安全素质的定义

近10年,有关安全素质的研究逐渐增多,研究者们对"安全素质"的定义也达成了初步共识。华北科技学院有学者认为,所谓安全素质是为了满足安全生产的需要,从事生产的人员所应具备的能力和条件;也有学者认为所谓安全素质,就是为了满足安全生产的需要,生产人员所应具备的可保障其个人、他人生命和财产所需要的能力和条件。北京工业职业技术学院学者们则认为安全素质是从业者适应其工作环境而养成的可保障其个人、他人和集体的生命财产所需要的素质,同时他认为素质是能力的"外化"。

综上所述,安全素质是从业人员安全知识、安全技能、安全意识的总和。安全素质可以通过后天培训学习来提高。

## 二、安全素质评价指标体系

为科学有效地开展安全素质评价,需要构建安全素质的指标体系,研究者们基于不同行业特点、不同企业结构构建了若干安全素质的评价指标体系。

(一)中国地质大学(北京)工程技术学院、重庆市电力公司安监保卫部、重庆市电力公司北碚供电局的研究者使用层次分析法构建了电力企业员工安全素质评价指标体系,将安全素质分为安全知识、安全能力、安全心理、安全生理四个方面，并分别对企业决策层、管理层、作业层的不同人员提出了不同的知识、能力要求，形成了三级指标体系，具体见表1。

电力企业员工安全素质评价指标体系　　表1

| 一级指标（4个） | 二级指标（11个） | 三级指标（47个） |
| --- | --- | --- |
| A1 安全知识（0.2634） | A1.1 决策层（0.136） | A1.1.1 安全知识考试 |
| | | A1.1.2 国家安全生产法律、法规、政策知识 |
| | | A1.1.3 行业安全生产标准以及规范等相关知识 |
| | | A1.1.4 安全生产管理知识 |
| | A1.2 管理层（0.095） | A1.2.1 安全知识考试 |
| | | A1.2.2 国家安全生产法律、法规、政策知识 |
| | | A1.2.3 行业安全生产标准以及规范等相关知识 |
| | | A1.2.4 部门安全生产规范及职责 |
| | | A1.2.5 部门安全管理方法和措施 |
| | A1.3 作业层（0.033） | A1.3.1 安全知识考试 |
| | | A1.3.2 安全生产规章制度掌握程度 |
| | | A1.3.3 安全生产操作规程掌握程度 |
| | | A1.3.4 事故应急及逃生知识 |
| | | A1.3.5 专业应急预案内容的掌握程度 |
| | | A1.3.6 岗位作业风险及控制措施的掌握程度 |
| A2 安全能力（0.5638） | A2.1 决策层（0.042） | A2.1.1 履行安全职责的状况 |
| | | A2.1.2 风险防范的领导和决策能力 |
| | | A2.1.3 对突发事件的处置能力 |
| | A2.2 管理层（0.145） | A2.2.1 履行安全职责的状况 |
| | | A2.2.2 对部门安全管理能力水平 |
| | A2.3 作业层（0.377） | A2.3.1 岗位安全操作技能 |
| | | A2.3.2 履行安全职责的状况 |

续上表

| 一级指标<br>（4个） | 二级指标<br>（11个） | 三级指标（47个） |
|---|---|---|
| A2 安全能力<br>（0.5638） | A2.3 作业层<br>（0.377） | A2.3.3 使用劳动防护用品的状况 |
| | | A2.3.4 现场突发事件及紧急情况处置能力 |
| | | A2.3.5 触电现场急救方法掌握状况 |
| | | A2.3.6 发现并消除作业现场事故隐患的能力 |
| A3 安全生理<br>（0.1179） | A3.1 员工<br>基本素质<br>（0.020） | A3.1.1 现岗位工龄 |
| | | A3.1.2 自然年龄 |
| | | A3.1.3 受教育学历 |
| | A3.2 员工<br>身体状况<br>（0.098） | A3.2.1 是否具备本岗位要求的身体条件 |
| | | A3.2.2 每年病假天数 |
| | | A3.2.3 体检是否合格 |
| A4 安全心理<br>（0.0550） | A4.1 心理<br>疾病状况<br>（0.030） | A4.1.1 是否存在严重心理障碍疾病 |
| | | A4.1.2 是否满足本岗位心理健康要求 |
| | A4.2 安全<br>社会心理<br>素质<br>（0.009） | A4.2.1 精神状况 |
| | | A4.2.2 工作兴趣度 |
| | | A4.2.3 工作积极性 |
| | | A4.2.4 工作满意度 |
| | | A4.2.5 合作精神 |
| | | A4.2.6 责任心 |
| | A4.3 安全<br>个性心理<br>素质<br>（0.016） | A4.3.1 情绪稳定度 |
| | | A4.3.2 个体自律性 |
| | | A4.3.3 工作有恒性 |
| | | A4.3.4 焦虑紧张度 |
| | | A4.3.5 敏感冲动性 |
| | | A4.3.6 心理忧郁度 |
| | | A4.3.7 外向浮躁性 |

（二）湖南科技大学能源与安全工程学院、煤矿安全开采技术湖南省重点实验室的研究者们使用多级物元分析的方法构建了企业职工安全素质评价指标体系，将安全素质分为安全意识、安全生理素质、安全心理素质、安全知识与技能、安全培训，与前一体系不同的是其将安全培训加入了安全素质中，强调个人安全培训和安全记录的重要性，具体见表2。

企业职工安全素质评价指标体系　　　　表2

| 一级指标 | 二级指标 | 三级指标 |
| --- | --- | --- |
| 安全素质 | 安全意识（0.241） | 安全规章制度的了解程度 |
| | | 安全规章制度的执行程度 |
| | | 安全态度 |
| | 安全生理素质（0.128） | 年龄 |
| | | 身体状况 |
| | 安全心理素质（0.230） | 情绪稳定度 |
| | | 个性与职业适应度 |
| | | 认知能力 |
| | 安全知识与技能（0.225） | 工龄 |
| | | 文化程度 |
| | | 安全知识水平 |
| | | 安全技能水平 |
| | 安全培训（0.176） | 安全培训情况 |
| | | 个人安全记录情况 |

（三）天津城市建设学院土木工程学院的研究者们将建筑施工作业人员的安全素质分为了个人安全素质和专业安全素质两大部分，指标上依旧以生理、心理、知识、技能等四个方面为主，除此之外，还给出了安全素质各指标的权重，具体见表3。

**建筑施工作业人员的安全素质**　　　　表3

| 一级指标 | 二级指标 | 三级指标 | 四级指标 |
|---|---|---|---|
| 安全素质 | 个人安全素质（0.5） | 生理因素（0.35） | 病理状态指标（0.105） |
| | | | 体格能力指标（0.245） |
| | | 心理因素（0.15） | 认知能力指标（0.060） |
| | | | 心理状态指标（0.060） |
| | | | 人格特质指标（0.030） |
| | 专业安全素质（0.5） | 知识因素（0.1） | 技术认知指标（0.040） |
| | | | 法规认知指标（0.010） |
| | | | 意识认知指标（0.050） |
| | | 技能因素（0.4） | 熟练程度指标（0.040） |
| | | | 准确程度指标（0.200） |
| | | | 配合程度指标（0.160） |

## 三、交通运输从业人员安全素质评价指标体系框架

根据近年来的研究可知，安全素质是一个值得继续深入研究的课题，其对加强安全、减少事故、降低损失具有重要意义，结合交通运输从业人员特点，研究构建交通运输行业安全素质评价指标体系十分必要。

综合以上有关对安全素质的定义及已有的评价指标体系，建议将交通运输从业人员安全素质评价指标分为安全知识、安全技能、安全意识、安全应急四个方面。

安全知识指进行职业活动应知的职业知识、法律法规，及应对安全事故应知的信息。

安全技能指运用职业工具、技术完成职业活动，及在发生安全事故后正确处理的技能。

安全意识指在职业活动中对威胁、危害生命财产安全来源的一

种警戒的心理状态。

安全应急指在危险事故发生后，能够运用已知已会的知识和技能，正确应对和处置安全事故的心理及生理能力。

评价指标如表4所示。

**交通运输从业人员安全素质评价指标** 表4

| 一级指标 | 二级指标 | 三级指标 |
| --- | --- | --- |
| 安全素质 | 安全知识 | 职业知识 |
| | | 事故处理知识 |
| | 安全技能 | 职业技能 |
| | | 事故处理技能 |
| | 安全意识 | 责任感 |
| | | 危险源感知力 |
| | 安全应急 | 疼痛忍耐力 |
| | | 应变能力 |
| | | 情绪稳定性 |
| | | 反应速度 |

（本文发表于2016年第5期《职业资格研究动态》）

# 标准参照测验划界分数设置方法简述

**交通运输部职业资格中心人才评价研究处　温悦**

标准参照测验是判断参加测验考生是否具有某项能力、掌握某种知识的一种方法，判断标准是考生成绩是否达到划界分数。划界分数是标准参照测验成绩的度量，是将考生划分到不同级别上的分界点。

多数考试体制中，判断考生水平通常是通过取 60 分（满分 100 分）作为划界分数实现的。但 60 分以下的内涵究竟是什么，为什么以 60 分划界，这些问题通常难以找到合理的依据。此外，现行学业水平考试另一种常见方式是设置通过率，以百分位数作为分类依据，但这其实是常模参照测验的做法，本质上是通过参照团体获得对个体水平的评价，是一种"相对标准"。而标准参照测验理论上是一种绝对标准，本质是查看考生能力是否达到了某一客观水平，与团体在测验上的表现无关。

综上，将 60 分或百分位分数作为标准参照测验的划界分数只是一种简便划定，许多情形下并不适合。鉴于此，本文简要介绍四种划界分数设置方法，包括三种传统方法：莱德尔斯基（Nedelsky）法、安戈夫（Angoff）法、埃伯（Ebel）法，以及一种基于现代测量的项目反应理论（IRT）的方法：书签法。

## 一、传统划界分数设置方法

在标准参照测验中，传统划界分数设置最通用的方法是基于考试内容的"专家判断法"。它要求专家根据最低能力表现（处于及格分数边缘）的考生对知识、技能的掌握程度，估计考生正确回答某道题目的概率。传统的专家评定法及变式有很多，但最主要有莱德尔斯基法（1954）、安戈夫法（1971）、埃伯法（1972）三种。

## （一）莱德尔斯基(Nedelsky)法

该方法是由 Leo Nedelsky 于 1954 年首先提出的，仅适用于选择测验。这一方法假定考生的作答方式是：先挑出他们认为绝对错误的选项，然后对剩下的选项进行随机猜题。莱德尔斯基法的步骤如下：

（1）编制专家记录表（见表1）并附题本；

（2）通过培训或讨论使专家形成一致的"能力刚好为合格水平考生"的概念；

（3）专家判断能力刚好为合格水平的考生在每道题中能找出错误选项的个数，计算剩余选项个数；

（4）用题目分数除以剩余选项数，计算出题目的合格水平。所有题目合格水平加总即为试卷划界分数。

**莱德尔斯基法专家记录表的一个范例** 表1

| 题号 | 选项 | | | | 剩余选项数 | 题目分数除以剩余选项数 | 总和（划界分数） |
|---|---|---|---|---|---|---|---|
| 1 | A̶ | B̶ | C̶ | D | 1 | 1/1 = 1 | |
| 2 | A | B̶ | C | D̶ | 2 | 1/2 = 0.5 | |
| 3 | A̶ | B | C̶ | D | 2 | 1/2 = 0.5 | |
| 4 | A̶ | B̶ | C | D̶ | 1 | 1/1 = 1 | |
| 5 | A | B | C̶ | D | 3 | 1/3 = 0.33 | 5.07 |
| 6 | A | B | C | D̶ | 3 | 1/3 = 0.33 | |
| 7 | A̶ | B̶ | C | D | 2 | 1/2 = 0.5 | |
| 8 | A̶ | B | C | D | 3 | 1/3 = 0.33 | |
| 9 | A | B | C | D | 4 | 1/4 = 0.25 | |
| 10 | A | B | C̶ | D | 3 | 1/3 = 0.33 | |

## （二）安戈夫（Angoff）法

该法由 Angoff 在 1971 年首次提出，根据专家任务的不同可细分为"概率法"和"对错法"两种。"概率法"要求专家判断能力刚好为合格水平的考生能够正确作答某题的概率值。"对错法"要求专家判断最低能力表现的考生能否正确作答某题，能正确回答的题目赋值 1，不能正确回答的赋值 0。

安戈夫法步骤如下：

（1）形成能力刚好为合格水平的考生的概念；

（2）专家判定测验的每一个题目并赋值（"概率法"赋值范围为 0 至 1，"对错法"赋值为 0 和 1），每名专家分别进行两次独立的判断，将判断结果登记在专家记录表与测验题本上（见表 2）；

（3）求出各专家对能力刚好为及格水平的考生判断的加权总分，其平均值即划界分数。

**安戈夫法某一位专家记录表范例**
（以"概率法"为例）    表 2

| 题目序号 | 题目分数 | 估计的概率值 | 加权总分 |
|---|---|---|---|
| 1 | 5 | 1 | |
| 2 | 5 | 0.9 | |
| 3 | 5 | 0.8 | |
| 4 | 5 | 0.7 | |
| 5 | 10 | 0.35 | 40.5 |
| 6 | 10 | 0.45 | |
| 7 | 10 | 0.25 | |
| 8 | 10 | 0.3 | |
| 9 | 20 | 0.25 | |
| 10 | 20 | 0.25 | |

与莱德尔斯基法相比,安戈夫法还可用于除单选外的其他题型。安戈夫法是目前为止应用最广、研究最多的一种方法,拥有许多衍生法。

### (三)埃伯(Ebel)法

这一方法由 Ebel 于 1972 年首次提出。该法的步骤如下:

(1)专家将试题分类,根据考察内容的核心程度(分 4 个水平:必备、重要、尚可、存疑),和题目难度(分 3 个水平:容易、适中、困难),形成一个 4×3 双向细目表(表 3 为一个举例);

(2)计算划分到每一单元格的题目分数总和;

(3)对每一个单元格赋予一个概率,这个概率即专家讨论得出的"能力刚好为合格的考生"正确作答这一类题目的可能性;

(4)将各个单元格的题目分数与被赋予的概率加权求和,即为测验的分界分数。

**埃伯法的一个实例**　　表3

| 步骤1:将题目分类 | | | | |
|---|---|---|---|---|
| 难度/核心度 | 必备 | 重要 | 尚可 | 存疑 |
| 容易 | 题1, 8, 13 | 题2, 14 | | |
| 适中 | 题9 | 题3, 6, 12 | | 题7, 11 |
| 困难 | | 题15 | 题4, 5, 10 | |
| 步骤2:计算划分到每一单元格的题目分数总和 | | | | |
| 难度/核心度 | 必备 | 重要 | 尚可 | 存疑 |
| 容易 | 20 | 15 | | |
| 适中 | 10 | 25 | | 10 |
| 困难 | | 5 | 15 | |
| 步骤3:赋予每一类题目正确作答的概率 | | | | |
| 难度/核心度 | 必备 | 重要 | 尚可 | 存疑 |
| 容易 | 0.95 | 0.85 | 0.75 | 0.50 |
| 适中 | 0.90 | 0.80 | 0.60 | 0.30 |
| 困难 | 0.75 | 0.60 | 0.45 | 0.15 |

埃伯法自提出后推广力度不及前两种方法，此后衍生的改良方法较少。

## 二、基于 IRT 的书签法

基于项目反应理论（IRT）的书签法由三位学者于 1996 年提出。它是根据现代测量的项目反应理论（IRT）进行改良后的安戈夫法。与传统方法的不同之处在于，书签法在进行专家评价之前，需要先施测并进行大量项目反应分析和计算。由于项目反应理论在我国尚未得到很好的掌握，因此此法实际应用较少。

书签法首先对试题进行项目反应分析，将试题按照项目反应理论的难度系数从易到难排列，每道试题放置一页，组成像书一样的题册。然后邀请有关学科专家参照给定信息（难度系数 $b$、能力值系数 $\theta$ 等），按照由易到难的顺序讨论每道题目，判断最低能力的考生答对所讨论题目的概率。如果专家判断答对某一道题的概率低于 2/3，则在该题上放置书签，以此作为设置划界分数的依据。

书签法可以分为两个阶段。第一个阶段称为评判前的准备阶段。这个阶段需要：①运用项目反应理论对试题进行分析，获得试题的难度参数、考生能力参数，以及能力参数与原始分数转换对照表；②运用项目反应理论模型分析计算正确作答某道题概率为 2/3 时所要求的考生能力值；③准备按试题难度排序的试题册和书签记录表。

第二个阶段是专家执行过程，包括：①对专家进行培训；②进行第一次独立书签放置、反馈分数（专家可比较与其他人放置书签的差异）、讨论；③第二轮放置、反馈、讨论……（可进行三轮到五轮不等）。

书签法相较于传统方法的优点在于：①专家进行评判的次数少，适用于题量大的考试；②采用项目反应理论的方法，如果多个测验的取样来自共同总体，可将多个测验题目放在同一个题目手册中排序，也即可以将多个测验合并为一个进行划界分数设置。

## 三、评价与总结

以上标准设定方法的操作都包括了以下四个基本步骤：①界定"能力刚好合格的考生"的知识和技能；②培训专家；③判断"能力刚好合格的考生"的作答情况；④收集数据并产生划界分数。这些方法的共同核心是一个假设的参照点，在实际操作中较难精确把握，因此对专家的要求较高。

由于方法基于主观判断，所得的划界分数并不绝对精确客观，研究也发现使用不同方法所得的划界分数存在一定差异。但现在的标准设置领域基本达成的共识是，鉴于精心规划的数据收集方法和大量的数据，通过以上方法得到的标准虽然不完全客观，但一定程度上可信和有效，在实践运用中也没有出现问题。

在方法的选取方面，传统方法中的安戈夫法由于实用性强、易于解释和计算而被广泛使用，而基于项目反应理论的书签法虽然前期计算复杂，但在精简专家任务、扩大适用范围、提升精度方面具有优势。总之，没有一种方法是完美无缺的，也没有一种方法能完全适用于所有的测验情境。在具体选择标准设定方法的时候，还需要对测验的类型、所要达到的目的、所具备的资源等一系列问题进行综合考虑。

（本文发表于 2016 年第 6 期《职业资格研究动态》）

# 人工智能对交通运输职业的影响初探

交通运输部职业资格中心公路职业资格处　李迪斯

2016年底，基于神经网络的深度学习技术攻破21世纪初曾被认为难以逾越的中文语音识别障碍，科大讯飞开发的输入法倚仗其97%以上的中文语音识别率成功实现语音直接转录为文字，广受用户好评。2017年初，谷歌智能机器人AlphaGO在线上围棋比赛中连胜60场，将全世界诸多围棋顶尖高手斩落马下。2016年，中国智慧交通蓬勃发展，加快推进智慧交通发展更被纳入2017年交通运输十大重点任务。生产力推动社会发展，经济基础决定上层建筑，人工智能推动社会巨变必然首先推动生产力的高速发展。在即将到来的人工智能时代，它将对职业特别是交通运输职业产生决定性的影响。

## 一、人工智能概述

人工智能（Artificial Intelligence，简称AI）是研究、开发用于模拟、延伸和扩展人的智能的理论、方法、技术及应用系统的一门新兴技术学科，作为计算机学科的一个分支，被认为是21世纪三大尖端技术（基因工程、纳米科学、人工智能）之一。1950年，被称为人工智能之父的英国数学家、逻辑学家图灵发表了一篇划时代的论文，他提出的图灵测试，是第一个定性评测计算机智能的方法。1956年，以麦卡锡、明斯基和香农等为首的一批有远见卓识的年轻科学家发起"达特茅斯"会议，共同研究和探讨用机器模拟智能的一系列问题，并首次提出了"人工智能"概念，标志着这门新兴学科的正式诞生。

从 1956 年提出人工智能概念至今已有 61 年之久，人工智能的三驾马车——算法、算力和数据均取得了突飞猛进的发展：深度学习技术可以大量处理未标记非结构化的数据，可以无监督训练及有监督地反向支持运算等；算力方面，GPU 的大发展为人工智能的计算速度提供了基础支持；而已深度嵌入生活的互联网让作为人工智能之源的大数据极大丰富。专家预测，随着人工智能技术的应用及其功能的日益强大，将来有些职业可能会被人工智能机器人所取代。据英国广播公司援引波士顿顾问公司（Boston Consulting Group）的报告显示，到 2025 年，约有 25% 的职业将由人工智能软件或机器人所取代。牛津大学一位研究者发布的论文也显示，未来有 700 多种职业都有被智能机器人替代的可能。

## 二、人工智能对交通运输职业的影响

### （一）技能类职业

驾驶员是交通运输行业技能类职业的典型代表。无人驾驶技术如今已经不是什么新鲜事了，作为人工智能目前最引人注目的应用，它将逐步对驾驶员这个职业产生根本性的影响。无人驾驶汽车的应用几乎涉及了人工智能的所有方面，如图像识别、语音识别、自然语言处理等。世界上最先进的无人驾驶汽车已经测试行驶近五十万公里，虽然无人驾驶汽车还未普及，但此项技术已经趋向完备。

2015 年，戴姆勒公司的自动驾驶卡车 Inspiration 已经在美国内华达州的高速公路上完成了测试。该车的自动驾驶功能是受到限制的，只有当卡车在高速公路行驶、掌握最新情况后，系统才会启动，然后卡车会与其他车辆保持安全距离，一直在车道上行驶。卡车不会为了超过行驶速度慢的汽车而自己改变车道。如果碰到其他情况无法处理，比如大雪天、车道线褪色，卡车会向驾驶员发出警报，此时由人类接管汽车。

而对于特斯拉和谷歌这样的企业来说，无人驾驶的核心已不仅仅是硬件或者软件能力，而是"机器学习"理念。比如特斯拉已经收集了超过20多亿公里的车辆行驶数据，包括了不同路况和天气下的行驶数据，这些数据每天都在大规模增加。未来，这些大数据将通过学习的机制为其他所有的汽车赋予能力。由分布在全球不同地区的汽车个体持续上传各自数据，而这些数据也会反馈给各个个体，最终进化成为一个更加高效有用的自动驾驶汽车。

虽然真正的无人驾驶可能还需要五年或者十年以上的时间，但是这个趋势已经不可逆转。未来，随着自动驾驶技术的发展，一方面可以减少人为因素在驾驶中造成的燃油浪费、安全隐患，同时可以减少拥堵、减少二氧化碳排放量等。另一方面，自动驾驶技术可以使长途驾驶变得更为轻松，驾驶员特别是客货运输驾驶员将逐步由直接驾驶人向自动驾驶系统的监控人转变，其准入标准中对知识、技能和能力等方面的要求也将发生巨大变化。驾驶员这种纯技能类职业将由于其运行维护职能日益强化而逐步消亡，更侧重运行维护的新兴职业将逐步发展。

（二）专业技术类职业

人工智能理论与技术在交通运输行业各专业技术类职业领域的应用已相当广泛，尤其是专家系统在交通管理与控制、公路设计规划与施工控制、公路养护和管理方面的应用已日趋成熟。

专家系统是人工智能领域的一个重要分支，是应用最广泛的人工智能领域。所谓专家系统就是一种在相关领域中具有专家水平解题能力的智能程序系统，它能运用领域专家多年积累的经验与专门知识，模拟人类专家的思维过程，求解需要专家才能解决的问题。根据常用专家系统的特性及处理问题的类型分类，公路工程中常用的有：解释说明型、诊断咨询型、设计规划型、预测型、监测型等。

目前，国外已经投入实际应用的专家系统很多，比如：在美国南加利福尼亚用于协助工程师防治交通拥挤的高速公路实时管理系统；由美国联邦公路管理局（FHWA）设计完成，主要用于协助工程师进行高等级沥青路面评价和养护管理的柔性路面养护管理专家系统；可以帮助工程师对高交通量的混凝土路面进行评价与修复工作的混凝土路面评价与修复系统。

国内一些高校和科研院所在人工智能技术应用方面成果也不少，如：嵌入产生式结构的定额框架系统包，已经可以通过不断调整和联动来实现资料的收集和整理，进而实现半自动的预算编制；基于规则的工程预算编制软件已经可以通过自动化系统采用正向一阶推理完成简单的预算编制工作；基于模糊神经网络技术的模糊数学隶属函数，也可以结合定性分析和定量分析对工程特征进行数量化描述和归一化处理，最终实现工程造价的估算。

从上述人工智能有关技术在专业技术类职业的应用中我们不难看出，人工智能更多地扮演的是助手或者外脑的角色。在强大分析能力的帮助下，工程师们可以借助人工智能迅速而准确地完成对工作任务的评估，在其提供的问题解决方案中作出合理选择并发出执行指令。从重复性常规项目中抽身出来的工程师们可以将精力更多放在研究和攻克新出现的技术难题上。专业人工智能软硬件的开发涉及多个学科，学科之间的相互渗透和交叉比较复杂，需要多领域的专业技术人员合作开展规模化、系统化的研究。由此，对专业技术人员的要求也会逐步从分析计算能力提升到对于基本原理的深度理解以及理念和方法创新层面。

## 三、启示

### （一）交通运输职业人员数量将出现两极分化

随着人工智能技术的高速发展，像驾驶员、施工人员这类需长时间集中精力按照标准化的流程从事机械化劳动的技能类职业，由于其工作已经基本由人工智能技术接管，工作的复杂程度和强度大大降低，因此这类职业的人员需求量将逐步萎缩直至消亡转型。而专业技术类职业的工作将更多呈现人机互助模式，这些专业技术人员将大量案例整理、数据分析等工作交由人工智能处理，把宝贵的时间用到更核心的技术突破、规则制定和需要主观决策的工作上。而对于人工智能软硬件的进一步升级和维护，同样需要行业专业技术人员深度参与，专业技术人员的需求将进一步增长。

### （二）职业能力评价方式应逐步转向综合案例化

预计在未来，人工智能技术基本可以接管具有标准化流程、不涉及复杂环境，情感和道德参与度不高且不具有社交属性的工作。因此，现在最常见对识记能力或者运算速度的考查未来将主要用于对于机器性能的测试上，而真正对职业能力的考查就必须集中在解决包含各种复杂情况下的实际案例上。对基本原理理解的深度以及运用知识进行决策解决实际问题等综合能力将成为考查的关键。通过综合分析考查对象处理实际案例成果所形成的职业能力评价报告将作为评价其职业能力水平的重要依据。

（本文发表于 2017 年第 2 期《职业资格研究动态》）

# 《国务院办公厅关于促进建筑业持续健康发展的意见》对交通运输职业资格工作影响的思考

交通运输部职业资格中心水运职业资格处　赵千昆

2017年2月，国务院办公厅印发了《关于促进建筑业持续健康发展的意见》（国办发〔2017〕19号，以下简称"19号文"），这是建筑业改革发展的顶层设计，从深化建筑业简政放权改革、完善工程建设组织模式、加强工程质量安全管理、优化建筑市场环境、提高从业人员素质、推进建筑产业现代化、加快建筑业企业"走出去"等七个方面提出了20条措施，对促进建筑业持续健康发展具有重要意义。本文就19号文及其对交通运输职业资格工作的影响谈几点看法。

## 一、个人执业资格走向"舞台"中央

19号文第1条措施即提出"优化资质资格管理：进一步简化工程建设企业资质类别和等级设置，减少不必要的资质认定。……同时，加快完善信用体系、工程担保及个人执业资格等相关配套制度，加强事中事后监管。强化个人执业资格管理，明晰注册执业人员的权利、义务和责任，加大执业责任追究力度。有序发展个人执业事务所，推动建立个人执业保险制度……"表明政府深化"放管服"改革，行业监管发展方向将从"重企业资质"向"以信用体系、工程担保为市场基础，强化个人执业资格管理"的方向转变。

## （一）个人执业资格制度势在必行

我国建筑市场实施企业资质管理是计划经济向市场经济过渡的产物。这项制度在特定时期对引导建筑企业的发展、维护建筑市场秩序发挥了较大作用。随着市场经济的发展，企业资质管理的弊端逐渐显现：一是企业资质是集体行为，工程质量发生问题时，执业者个人承担的责任往往会由企业替而分担，削弱了执业者的责任意识，且问题企业可以改换牌子继续经营，造成工程质量责任终身制得不到落实。二是由于招投标条件门槛设置越来越高，一般二级资质企业无法进入，造成市场上存在高资质企业出借资质的现象，干扰了市场秩序。三是企业资质保级、升级与执业人员数量挂钩，导致执业人员出借、挂靠证书现象十分普遍，严重影响建设市场健康发展，加上企业资质评审的人为因素较多，影响了企业资质管理的公正性。四是当企业施工业绩、人员数量、自有资金、工程质量、经营管理水平发生明显变化时，政府很难对企业资质进行有效的动态监管。

解决上述问题，必须要强化个人执业资格管理，明晰注册执业人员的权利、义务和责任，加大执业责任追究力度。强化个人执业资格管理，一是符合国际通行做法，是与国际市场接轨的重要举措。市场经济发达国家侧重自由竞争，政府对企业没有定级制度，有的国家对企业有许可制度，但不分级，主要靠市场交易主体的相互制约。而这些国家都对关系公众利益和生命财产安全的关键岗位实施个人执业资格制度，允许个人承接业务，业务范围基本没有限制，但承接业务需签订合同，技术文件须由注册执业人员签字并承担相关责任。二是在法律体系方面具备基础。《中华人民共和国建筑法》、《建设工程勘察设计管理条例》和《建设工程质量管理条例》

等规定了对从事建筑行业关键岗位的专业技术人员实行准入的执业资格制度，一些部门规章也明确了相应执业人员的权利和义务。三是让执业资格证书回归执业属性——个人的专业能力和执业水平，也意味着执业的责任与风险——堵住了考证为了挂靠、证书可以交易和重证书轻实力等企业资质管理的制度性漏洞。四是集中体现了市场经济公平、竞争、法治的原则，符合政府职能转变的要求。

因此，个人执业管理制度势在必行。个人将逐步成为工程质量责任的主体，企业资质将精简整合优化，并逐渐淡出。

**（二）工程质量终身责任制和个人执业保险为强化个人执业管理提供制度保障**

国外执业人员对工程质量的终身责任制是在个人执业制度的基础上形成的，并通过工程保险体系强化执业人员在工程责任体系中的作用。

19号文提出"严格执行工程质量终身责任制……对违反有关规定、造成工程质量事故的，依法……给予注册执业人员暂停执业、吊销资格证书、一定时间直至终身不得进入行业等处罚"、"有序发展个人执业事务所，推动建立个人执业保险制度"、"推动发展工程质量保险"，明确了执业人员对工程质量的终身责任制，同时建立以执业人员为主体的工程责任保险体系。执业人员投保后，工程质量出现问题，由保险公司赔偿，一方面分担了建筑执业风险，促进化解工程纠纷；另一方面执业人员保险费用与个人工程质量记录紧密挂钩，事故越多保险费用越高。由于保险费用计入工程成本，执业人员工程质量记录将成为业主考量重点，这将推动注册人员接受市场选择，强化责任意识，进而促进工程质量的提高。

## 二、对交通运输职业资格工作提出新要求

### （一）不断提高考试和继续教育工作的科学化水平

19号文提出要"加强技术研发应用：加快先进建造设备、智能设备的研发、制造和推广应用……限制和淘汰落后、危险工艺工法，保障生产施工安全。积极支持建筑业科研工作，大幅提高技术创新对产业发展的贡献率。加快推进建筑信息模型（BIM）技术在规划、勘察、设计、施工和运营维护全过程的集成应用……"、"完善工程建设标准：……及时开展标准复审，加快标准修订，提高标准的时效性……"、"加强中外标准衔接：积极开展中外标准对比研究，适应国际通行的标准内容结构、要素指标和相关术语，缩小中国标准与国外先进标准的技术差距……"。这些都对考试和继续教育工作的针对性、时效性和科学性提出了更高要求。

考试工作一定要紧跟时代，选拔符合现实需要的人才，一是根据行业最新发展动态，及时完善执业资格考试大纲，探索题型改革，改进执业资格考试内容和方法，逐步加大执业实践的考核比例；二是加大专业教育评估和资格考试的有机衔接，对在专业教育评估有效期内取得学士及以上学位资格的，适当减少基础考试的科目；三是通过开展职业研究，构建职业能力胜任力模型、编制高水平职业标准，最终指导考试工作，不断提升考试科学化水平。继续教育内容要定期更新，及时补充国家新方针政策，行业出现的新设备、新材料、新工艺、新标准、新技术，同时加强执业操守教育，确保符合行业发展和执业人员实际需求，不断提升执业人员综合素质。

### （二）充分运用信息化手段，多措并举加快信用体系建设

19号文提到"优化资质资格管理：……加快完善信用体系、工

程担保及个人执业资格等相关配套制度,加强事中事后监管……"、"严格落实工程质量责任:……对违反有关规定、造成工程质量事故的,依法给予责任单位停业整顿、降低资质等级、吊销资质证书等行政处罚并通过国家企业信用信息公示系统予以公示……"、"建立统一开放市场:……完善全国建筑市场监管公共服务平台,加快实现与全国信用信息共享平台和国家企业信用信息公示系统的数据共享交换。建立建筑市场主体黑名单制度,依法依规全面公开企业和个人信用记录,接受社会监督",强调政府应通过建立信用体系进行有效和必要监管,创造公开、透明、规范的市场环境。

交通运输职业资格应充分运用信息化手段,多措并举加快信用体系建设。一是建设包括考试考务、注册、继续教育、诚信信息公开等功能在内的统一的职业资格综合管理平台,建立注册人员完整的电子信用档案,实现信息实时更新、动态管理、便捷查询。二是做好职业资格综合管理平台与其他信用信息平台的互联互通工作,加强信用信息共享和公开,打通信息孤岛,实现信息可对比可追溯,有效防止"一人多证、多头注册"。三是开展信用考核,开通举报热线等,建立"失信黑名单",实行守信激励、失信惩戒的制度,加大信息在"信用交通"网站等新闻媒体的公示力度,加强守信联合激励和失信联合惩戒工作。

### (三)加快培养交通建筑技能人才

19号文提到"加快培养建筑人才:……健全建筑业职业技能标准体系,全面实施建筑业技术工人职业技能鉴定制度。发展一批建筑工人技能鉴定机构,开展建筑工人技能评价工作……大力弘扬工匠精神,培养高素质建筑工人……"。对比发达国家,我国技能型人才紧缺,交通运输行业实现转型发展、"一带一路"倡议等的顺利实施都需要克服技能人才缺乏短板,因此应加快培养交通建筑技能人才，一是加强交通建筑领域新职业、新工种的调查研究，逐步扩大交通建筑特有职业技能鉴定领域；二是抓紧制定交通建筑主体职业标准，并开发配套的职业技能培训教材和职业技能鉴定题库；三是建立健全交通运输特有职业（工种）技能鉴定体系；四是鼓励社会人员通过职业技能培训后参加职业技能鉴定，不断提高交通运输特有工种职业资格证书的持有率，为行业转型发展和国家战略实施储备足够的技能型人才。

（本文发表于2017年第3期《职业资格研究动态》）

# 对标国际 挖掘价值 彰显形象
## ——我国桥梁设计职业研究成果面面观

交通运输部职业资格中心 沈冬柏

桥梁工程科技含量高、技术风险大，桥梁设计人员的职业能力和素质以及职业道德水平高低，直接关系到国家公共安全和公民人身财产安全，对交通运输安全发展极为重要，需要具备特殊技能。2018年，我国桥梁设计人员约有4.19万人，而持有职业资格证书的仅占18.5%。目前，国务院有关部门正在研究对桥梁设计人员建立实施职业资格制度，即桥梁工程注册结构工程师制度。

交通运输部职业资格中心于2017年6月启动桥梁设计职业研究，2018年10月完成相关工作，2019年4月28日首届桥梁工程注册结构工程师职业发展研讨会在重庆召开。会上正式发布了桥梁设计职业的3项研究成果——《桥梁工程技术人员职业标准》《交通运输职业系列丛书（桥梁工程注册结构工程师）》和《中国交通运输从业人员发展报告（桥梁设计人员）》（简称"职业标准""职业丛书"和"发展报告"）。3项研究成果既对标国际，又深入挖掘和向社会公众展示交通运输职业的价值，还交通运输职业以本来的职业定位和应有的社会地位，增强了从业人员的获得感、归属感。

## 职 业 标 准

标准是经济活动和社会发展的技术支撑，也是国家治理体系和治理能力现代化的基础性制度。标准是世界通用的工程技术性语言，是联通世界的桥梁纽带。

职业分类是按照职业的工作性质、活动方式等异同，对社会职业及其类别所进行的系统划分和归类，是国民经济、人力资源和职业教育培训的重要基础性工作，能够引领从业人员资源科学配置。不同职业对劳动者的知识和能力的要求是不同的，职业标准是在职业分类基础上，根据职业的活动内容，对从业人员能力水平的综合性水平规定，是职业教育培训和职业资格考试的重要参考，是促进公路行业安全发展、绿色发展的技术支撑，也是"六位一体"职业资格制度体系的组成部分之一，有利于提高桥梁设计人员的专业素质和服务水平，适应公路行业高质量发展需要。

桥隧工等技能型人员的职业标准是开展职业技能鉴定的基础和评价技能型人员技能水平的依据，这类职业标准编制工作启动较早、流程规范、成果丰硕，人力资源社会保障部会同国务院有关部门颁布了一系列技能型人员的国家职业技能标准。而桥梁设计人员属于专业技术人员，主要通过职业资格考试方式或者职称评审方式评价其职业能力，而考试命题的依据是相应考试大纲。

（一）编制专业技术人员职业标准的原因

1.贯彻落实国家有关政策的需要。《中华人民共和国劳动法》第六十九条规定："国家确定职业分类，对规定的职业制定职业技能标准"。《国务院办公厅关于清理规范各类职业资格相关活动的通知》要求对社会通用性强、专业性强、技能要求高的职业制定职业标准。桥梁设计职业关系公共利益、涉及国家安全、公共安全、公民人身财产安全，专业性强，需要特殊信誉、特殊条件和特殊技能，而且列入了2015版《中华人民共和国职业分类大典》，按规定应当编制职业标准。

2.发挥职业资格引领作用的需要。杨传堂书记要求职业资格工作"引领从业人员职业素质全面提高"、"引领交通运输人才队伍科学发展"。职业标准明确了交通运输职业应当掌握的知识、应当具备的能力、应当运用的技术等，从业人员可以自我对照、补齐短板；职业标准能够帮助专业技术人员推动创新发展、协调发展、绿色发展、开放发展和共享发展，自觉把新发展理念落到实处；职业标准能够引领专业技术人员专业素质和职业地位的提升，引领相关专业教育培训，指导专业技术人员职业资格考试工作。

3.推进职业资格国际互认的需要。对标国际是职业资格工作的重要内容之一。欧美发达的市场经济国家开展职业资格工作已有上百年历史，在职业标准编制方面也积累了丰富经验，值得学习借鉴。编制专业技术人员职业标准，能够逐步实现中国标准在国际标准中发挥与大国地位相适应的重要作用，有利于加强人才队伍建设、特别是国际人才培养，有利于"一带一路"交通互联互通中政策、规则、标准的对接联通，也有利于提高我国参与国际交通运输事务的影响力和话语权。

（二）编制专业技术人员职业标准的原则

人力资源社会保障部2018年修订的《国家职业技能标准编制技术规程》，明确了职业标准编制的整体性、等级性、规范性、实用性和可操作性等5个原则，编制专业技术人员职业标准遵循了这些原则。此外还坚持了下列原则：

一是国际对标。在设计专业技术人员职业标准框架时，学习借鉴市场经济发达国家职业标准的内容，如国际劳动组织《国际标准职业分类》和美国职业数据库及职业信息网上交通运输职业所包括的职业信息，以及澳大利亚职业标准中的主要内容等，着力增强职业标准的技术内涵和创新理念。

二是国内参考。学习借鉴人力资源社会保障部关于技能型人员职业标准的上述原则，严格执行《交通运输职业标准制修订工作规程》。除了参考《国家职业技能标准编制技术规程》规定的内容和交通运输职业数据库和职业信息网拟包含的项目外，尝试增加职业健康和职业保护的内容。

三是有效衔接。职业标准涵盖了交通运输职业数据库和职业信息网需要展示的所有内容，其中知识、能力等要求可以直接指导职业资格考试大纲制修订工作；凡是分级的职业标准中，必有一个级别是与已（拟）建职业资格相衔接的；推进专业设置、专业课程内容与职业标准相衔接，落实《国务院关于加快发展现代职业教育的决定》。

四是特点突出。职业标准编制过程中注重发挥"桥梁勘察设计人员职业建设联系点"中交公路规划设计院有限公司的作用，组建了专家团队；职业标准充分体现了桥梁设计职业脑力劳动为主的工作特点和专业特色，着力引导桥梁设计人员增强创新精神、环保意识和想象力；职业标准还充分考虑了公路桥梁、铁路桥梁和市政桥梁对设计人员的不同要求。

### （三）职业标准的主要内容

职业标准包括总则、术语、职业道德、职业环境、职业活动与任务、职业知识、职业工具、职业技术、职业技能和职业能力评价等10章。

### （四）职业标准和职业资格

根据国家职业资格改革精神和《交通行业职业资格工作中长期规划刚要》，交通运输部正会同国务院有关部门研究对从事桥梁（包括公路桥梁、铁路桥梁和市政桥梁）工程专业设计工作的专业技术人员建立实施职业资格制度，即桥梁工程注册结构工程师制度。职业分类和职业标准体系是职业资格制度的起点和基础。科学的职业分类和动态的职业标准体系本身就充分揭示了现实经济活动和职业活动的内在特征，明确了科学发展和技术进步对从业人员职业能力的要求，体现了桥梁工程专业化、标准化程度高、通用性强的特点，反映了桥梁设计人员的职业现状、专业特点和人力资源管理的实际需要，可以作为桥梁设计人员职业教育培训和未来职业资格制度建设实施工作的参考。

鉴于职业标准制度是职业资格制度体系的有机组成部分之一，职业标准要与拟建桥梁工程注册结构工程师制度密切联系。一是职业标准中的知识和能力要求将直接指导职业资格考试大纲制修订工作，进而在考题中体现桥梁设计职业对桥梁设计人员的能力要求，从而为拟建立实施的桥梁工程注册结构工程师职业资格考试服务。二是不同学历、不同工作年限的桥梁设计人员不论在经验还是能力方面均有差别，该标准对桥梁设计人员进行了分级，目的是拓宽桥梁设计人员的职业发展渠道，强化桥梁设计人员不断提升自身能力素质的内生动力。其中一级是与桥梁工程注册结构工程师职业资格衔接的。三是职业资格考试的通过率很难达到100%，无法要求所有桥梁设计人员全部持有职业资格证书，因此职业标准明确桥梁设计人员职业能力通过职业资格考试和职称评审两种方式进行。需要注意的是，通过规定渠道获得证书是桥梁设计人员取得职业资格的唯一渠道。

## 职 业 丛 书

俯瞰中国大地，雄伟桥梁屹立于江河湖海之上、崇山峻岭之间，飞架南北，畅通东西。改革开放40年来，我国桥梁建设取得了巨大成就。截至2018年年底，我国公路桥梁已经超过85万座，其中特大桥5053座。中国桥梁在建设规模、跨径和技术难度上不断提升，不仅在量上突飞猛进，在质上也是进步巨大，书写了当代中国跨越式发展的辉煌篇章。港珠澳大桥就以"最长、最高、最大"成为世界桥隧建设史上之最，促进了三地经济社会发展，有力支撑了粤港澳大湾区安全、便捷、高效、绿色、经济的现代综合交通运输体系的基本建成。这些历史性成就离不开桥梁设计人员的使命担当和杰出贡献。他们是建设交通强国的奉献者、奋斗者，是人民群众美好生活的创造者、守护者。

当前，交通运输处于基础设施发展、服务水平提高和转型发展的黄金时期，当前和今后一段时期，仍将保持总体平稳、稳中有进的态势，国家加大基础设施等领域补短板力度，桥梁建设仍将保持适度规模。桥梁工程科技含量高、风险大，对于桥梁建设，勘察设计是龙头、是灵魂。桥梁设计人员的职业能力和素质，以及职业道德水平高低直接关系到国家公共安全和人民生命财产安全，关系到交通运输高质量发展，需要具备特殊技能。在桥梁设计中，以习近平新时代中国特色社会主义思想为指导，紧扣重要战略机遇新内涵，坚持以人为本，自觉践行新发展理念、特别是以科技创新引领"中国桥梁"高质量发展，是广大桥梁设计人员面临的重要课题。

桥梁设计职业是干什么的？这一职业是什么时候产生的？从事这一职业需要掌握什么知识、具备什么能力？新规范、新技术、新工艺和新材料的不断涌现对这一职业将产生怎样的影响？职业丛书从科普角度通俗易懂地回答了这些问题。职业丛书从国内、国际两个维度讲述这一职业的产生、演变和发展及其对人类社会的贡献，展示了桥梁设计职业的研究成果，从职业知识、职业能力、职业技能等方面剖析了桥梁设计人员的职业素质和能力，强调了职业道德等职业行为规范，从新技术应用等角度展望了桥梁设计人员这一职业未来可能发生的变化。职业丛书还辑录了国内外桥梁设计的职业成果和典型人物，希望为读者全方位呈现桥梁设计职业的方方面面。

## 发 展 报 告

目前我国有多少人从事桥梁设计职业？桥梁设计人员的主要来

源是什么？他们的性别、学历、年龄如何？他们对薪酬、职业晋升渠道等是否满意？需要关注哪些职业病？

发展报告聚焦桥梁设计行业普遍关心的问题，采用问卷调查、文献查阅、现场访谈、走访调研等方式，对全国百余家桥梁设计单位和约3000名桥梁设计人员进行了调研。通过描述性统计分析、相关性分析、交叉分析、图形分析等方法，梳理了26000余条有效数据，估算了桥梁设计人员的数量规模（全国公路桥梁、铁路桥梁和市政桥梁设计人员共约4.19万人）。从人口统计学特征和人力资源特性两个维度进行了桥梁设计人员存量分析；从流动现状、流动意向及流动影响因素等方面分析了桥梁设计人员的流动情况；调研了针对桥梁设计人员的培训形式、内容和时长，评估了培训成效，反映了桥梁设计人员的培训需求及相应培训资源开发；提出了桥梁设计人员的职业晋升意愿和渠道；搜集了桥梁设计人员的薪酬结构，反映了桥梁设计人员的薪酬与福利状况。与此同时，发展报告还多角度分析了桥梁设计人员的满意度现状，并通过相关性分析及定性分析得出了满意度影响因素。

通过人才结构、人员供求情况、职业晋升发展、薪酬福利、工作满意度和职业健康等方面调查了当前桥梁设计人员的职业状况。桥梁设计属于人才密集型行业，桥梁设计人员素质和学历普遍较高，工作相对稳定，人员主要在不同设计单位之间流动，人才净流失现象不明显，而且后备力量充足，因此桥梁设计人员职业状况总体良好。但也存在高水平桥梁设计人员供不应求、职业培训效果不佳、人员晋升渠道不宽、工作压力大等问题。针对这些问题，发展报告提出了改善桥梁设计人员职业状况的措施与建议。

### 桥梁职业研究都研究什么？

职业是劳动分工的产物，指从业人员为获得主要生活来源所从事的工作类别。职业有 5 个特征：一是目的性，即职业活动以获得现金或实物等报酬为目的；二是社会性，即职业是从业人员在特定社会生活环境中所从事的一种与其他社会成员相互关联、相互服务的社会活动；三是稳定性，即职业在一定的历史时期内形成，并具有较长生命周期；四是规范性，即职业活动必须符合国家法律和社会道德规范；五是群体性，即职业必须具有一定的从业人数。2015 版《中华人民共和国职业分类大典》（以下简称职业分类大典）中有 1481 个职业，包括桥梁设计职业。

交通运输职业的内涵和外延是什么？广义的职业研究就是运用人力资源管理、社会学和心理学等学科的成熟理论技术方法对某个职业进行实证研究。狭义的职业研究主要是进行简单的职业技能分析和归类。随着时代发展和科技进步，工作任务综合性和全面性的特点日益凸显，在职业有关基本要求以外，胜任特征模型越来越受关注。职业研究已从岗位层面转向职业层面，涵盖了职业定义、工作任务、职业工具与技术、从业所需的知识、技能、能力要求，以及工作环境、工作价值观、职业资格（职业道德）、薪酬水平等诸多方面，成为综合性研究。

桥梁设计职业研究主要采用工作分析法、专家焦点访谈法和行为事件访谈法相结合的方式对其职业定义、职业工具和技术、工作环境、工作任务、工作活动、知识、技能、能力和工作风格等进行梳理，进而确定桥梁设计人员的核心工作任务、一般工作活动及其细节工作活动，并与美国职业数据库和职业信息网中关于土木工程师（Civil Engineers）的工作分析报告进行对比分析。结合国内桥梁设计工作实际需要和 2015 版职业分类大典中对桥梁设计职业的描述，统筹考虑指标类型和问卷篇幅设计调查问卷并开展调研，对问卷调查结果进行统计分析。

桥梁设计职业的研究成果体现在"三书一会"，即《桥梁工程技术人员职业标准》、《交通运输职业系列丛书（桥梁工程注册结构工程师）》和《中国交通运输从业人员发展报告（桥梁设计人员）》等三本书，以及职业发展研讨会。目前"三书"都已正式出版，首届桥梁工程注册结构工程师职业发展研讨会已于 2019 年 4 月 28 日在重庆召开。

（本文发表于 2019 年 6 月 21 日《中国交通报》）

# 起重装卸机械智能控制员新职业开发简介和有关启示

交通运输部职业资格中心水运职业资格处　赵千昆　许泽光

在世界新一轮科技革命和产业变革同我国转变发展方式的历史性交汇期，最能体现变革的标志之一是传统职业的消失和新职业的兴起，如自动驾驶技术的发展必将逐步改变传统驾驶的工作内容进而导致新旧职业的更迭。港口是现代综合交通运输的重要枢纽，也是交通运输产业转型升级、科技水平提升与信息技术应用等催生新职业新岗位的重点领域，伴随着港口自动化智能化建设的不断推进，孕育了一批从事起重装卸机械智能控制工作的从业人员，他们有相对独立成熟的专业技能要求并具备了一定的人员规模，并且他们的工作内容已经发生明显改变，做好其新职业开发工作，将对该职业人力资源的开发和行业高质量发展起到积极的引导作用。

## 一、起重装卸机械智能控制员工作介绍

起重装卸机械智能控制员是指使用视频监视系统、车号（箱号）识别系统、设备调度系统、运输车辆定位系统等控制系统和数据传输技术远距离监控、操控起重装卸机械吊运、装卸、搬运物料的人员。经调研，秦皇岛港、大连港、天津港、青岛港、上海港、宁波港、厦门港、广州港等12个自动化、智能化程度较高的港口，目前都有一批已经从事或者正在接受培训即将从事起重装卸机械智能控制工作的人员队伍，他们的主要工作任务包括：

远程检查起重装卸设备机械主机构运行状况是否正常，通过远程智能监控和检测系统确认钢丝绳、制动装置及其他安全防护装置等机构灵敏可靠；检查远程智能操作台各系统的通讯及工作是否正常、操作集成面板上的触摸屏、手柄、选择开关和按键等控制是否灵敏可靠，各指示灯显示是否正常、显示器显示画面是否正常，监控图像是否有缺失模糊现象；通过视频监控和远程数据终端等数字化系统严密监视设备运行状况和货物装卸过程，并按照程序进行人工确认；根据生产安排，通过设备控制系统、辅助操作系统等智能调度控制系统的操作实现装卸设备的整体调度和调整；通过视频系统认真观察人机接口画面中的设备性能数据，如数据异常或出现故障信息，应根据系统提示立即停止作业；根据生产和设备的实际需要，远程人工接管正在运行的设备，并按要求完成相应操作，保证装卸、搬运流程安全、高效运转；与生产指挥系统、调度员协调配合，通过远程智能操作系统自动完成现场信息交互和确认。

## 二、国外起重装卸机械智能控制员相关情况

欧美国家在20世纪末进行了自动化港口的开发和使用，经过20多年的发展和创新改进，目前自动化港口技术已经逐渐完善和成熟，如英国的伦敦港、荷兰的鹿特丹港、德国的汉堡港、美国的长滩港等国际重要港口，起重装卸机械智能控制新职业相继应运而生，在欧美国家，其职业名称为自动化远程设备控制员。各国都制定了视频监控系统和自动控制系统的使用标准，通过培训和考核的人员方能从事相关工作，如美国的自动化设备远程操作员，需要参加培训并通过海运协会考核方能上岗，同时在作业过程中要受到海运协会和海岸工作人员国际联合会的安全督导。英国在新港口法中规定了

只有经过有关当局核准委任的人员才能从事自动化设备远程操控工作。

## 三、起重装卸机械智能控制员与原起重装卸机械操作工的区别

（一）个人技能和素养要求更综合。起重装卸机械智能控制员是复合型技能人才，除了基本的操作技能以外，需掌握更多专业相关知识和技能，如计算机操作、系统应用及操作、网络知识、英语知识等。整个起重装卸机械智能控制操作、控制系统涉及多个软、硬件结合的子系统，系统作业涉及多系统、多设备、多场景交叉，逻辑更加复杂，时限要求更高，联动性更强，需要更强的协调沟通能力。此外，起重装卸机械智能控制员常需一个人观察多台设备，需要较强的观察能力与操作熟练、精准的应变能力。

（二）操作方式不同。起重装卸机械智能控制员并非近距离直接操作机械，而是使用触摸屏、工控机等人机交互设备及视频监控、数字孪生系统等，对（半）自动化装卸搬运机械或系统进行远程监控、调度、操作和调整。劳动强度降低，对作业人员身体损害减少。另外，在传统的大型机械装卸作业中，总会出现一些视觉盲区，例如传统码头机械装卸作业中吊具的海侧通常是司机视觉盲区，而在自动化码头的远程视频监控画面中，操作人员视角更广，作业人员可以通过摄像机清晰地看到机械的各个部位。

（三）操作规范和管理标准要求更加严格。装卸搬运机械远距离操作方式和管理标准都有别于传统的人工操作，需要严格按照作业指令和程序进行，同时对人与设备的协同要求更高。

## 四、起重装卸机械智能控制员新职业开发意义

起重装卸机械智能控制员职业的产生，是新一轮科技革命作用

于交通运输领域的具体体现，对降低港口安全事故、助力双碳目标达成、提高港口作业生产效率、推动港口经济高质量发展具有积极重要作用。做好起重装卸机械智能控制员新职业开发工作，有利于加强港口生产作业人力资源的培养储备。通过加强职业胜任力研究、发布新职业信息、建立新职业标准，引导和规范用人单位的岗位设置、人员招录、员工培训等工作，使从业人员的职业发展规划更加清晰，促进其对标行业发展要求，提升职业能力和素养。新职业的开发也为交通职业院校的专业设置和课程体系建设带来新机遇，有利于推动其专业设置、课程内容与社会需求和企业生产实际相适应，实现人才培养培训服务"四个面向"，为加快建设交通强国提供人才支撑。

## 五、起重装卸机械智能控制员新职业开发工作的有关启示

未来已来，可以预见，起重装卸机械智能控制员之后，还会有更多交通运输职业因为产业转型升级、科技水平的提升和信息技术的应用而发生变迁，如何引领传统交通运输从业人员转型发展，保障交通运输人才队伍稳定向好，有以下三点思考：

（一）加强交通运输新职业开发工作。加强线上调查和实地调研，及时发掘、申报和发布适应科技革命和产业变革的交通运输新职业，通过发布新职业信息对新职业进行规范，加快开发就业岗位，扩大就业容量，强化职业指导和就业服务，促进交通劳动者就业创业。

（二）推动交通运输人才培养与社会需求精准对接。聚焦职业技能提升"急需紧缺"重点领域和产业链薄弱环节有关职业，同时按照战略新兴产业、现代服务业发展需求，一方面加强交通运输职业研究，制定职业标准，以职业资格证书为轴，横向打通职业资格与

学历教育，纵向链接专业知识教学与企业技能实践，快速响应交通运输行业转型升级，引领传统交通运输从业人员转型发展。另一方面，推动交通职业院校动态调整专业设置、课程内容，促进人才培养的专业结构和数量规模与社会需求和企业生产实际相适应，为服务构建新发展格局和加快建设交通强国提供人才支撑。

（三）加强交通运输职业学习平台建设。畅通交通运输技术技能人才学习渠道，依托互联网覆盖面广、简单易用、时效性强等优势，进一步整合行业企业资源，开发更多精品培训网络课程，推动更多交通职业院校学生、企业职工通过网络学习平台参加职业技能培训和继续教育，提高交通运输从业人员综合素质，增强交通运输从业人员适应社会变化的能力。

（本文发表于 2022 年第 1 期《职业资格研究动态》）